그 어디나 하늘나라

초판 1쇄 인쇄 2019년 7월 24일
초판 1쇄 발행 2019년 7월 31일

지은이   박도순
펴낸이   박신웅
펴낸곳   도서출판 생명의 양식
등록번호 서울 세 22-1443호(1998년 11월 3일)
주소   06593 서울시 서초구 고무래로 10-5(반포동)
전화   02-533-2182
팩스   02-533-2185
홈페이지 www.edpck.org
디자인   박다영

ISBN   979-11-6166-073-8

값은 뒤표지에 있습니다.

이 책은 저작권법에 의해 보호를 받는 출판물입니다.
기록된 형태의 출판사의 허락이 없이는 무단 전재와 복제를 금합니다.

산골간호사의 묵상 에세이 /

그 어디나 하늘나라

글 · 사진 **박도순**

생명의 양식
THE BREAD OF LIFE

차례

여는 글 · 6
닫는 글 · 230

13 · 바꾸어 가는 길에서	67 · 후회
18 · 겉사랑 속사랑	72 · 채워야 이르나니
24 · 아버지	77 · 만남
30 · 사랑은 움직이는 것	82 · 꽃들은 길을 묻지 않는다
35 · 무엇이 될까	88 · 부끄러운 아픔
40 · 두 얼굴	94 · 답장
46 · 가려운 속삭임	100 · 그럼에도 불구하고
52 · 혼밥	105 · 수풀 속에서
58 · 서울에는 없는 두 가지	110 · 이웃

119 · 가족사진	*175* · 넘어지지 않고서야
124 · 소원을 위하여	*180* · 사랑의 기술
130 · 잔소리 풍경	*186* · 숙제
136 · 알아들을 나이	*192* · 그 어디나 하늘나라
142 · 가을이 오면	*198* · 한 알 반
148 · 노랑 별곡	*205* · 번역이 필요해
154 · 당신은 어디에	*212* · 꿈 풀이
160 · 따로 또 같이	*218* · 새 소망
166 · 늦게 피는 꽃	*224* · 늙어간다는 것

● 여는 글

사람이 간다

"고 이분순 집사님(86세) 별세, 오후 5시 입관 예배, 4시 40분 교회에서 출발합니다. 무주군보건의료원장례식장, 성도님들의 많은 위로 바랍니다."

수요일 오전 10시 43분. 목사님으로부터 메시지가 날아왔다. 나는 조용히 눈을 감았다. 오래된 병고와 어르신의 눈물을 알기에 차라리 위안이었다. 분순 할머니는 그렇게 하늘길에 오르셨다. 보건진료소 의료 장비는 병원과 비교하면 초라하기 짝이 없다. 간호사로서의 내가 가진 최고 무기는 무엇일까 생각한다. 청진기, 체중계, 혈압계, 체온계, 혈당측정기를 떠올렸다. 체중을 재고 체온을 재고, 혈압을 재도 드러나지 않는 아픔들. 밧세바의 아들에게 주신 것처럼 나에게도 그 마음 달라는 기도를 얼마나 보냈던가.

날마다 보건진료소에는 많은 사람이 찾아온다. 나는 아픔을 듣고 분노를 듣고 기쁨보다 슬픔을 더 많이 듣는다. 청진기보다 강력한 청력을 자랑하는 기계가 온다고 하여도 결코 들을 수 없고 들리지 않는 마음의 소리들. 그럴 수밖에 없어 그렇게 살지 않으면 안 되었던 상황을 이해할 수 있는 마음, 그것은 ℃와 kg이나 mmHg과 mg/dl로는 표시할 수 없다. 진료실이나 회관, 논둑, 밭둑 길이 간호 현장이었다. 시골 간호사라는 명함으로 만난 어르신 모두는 나의 스승이었다. 이분순 어르신(나는 분순 씨라고 불렀다)도 그중 한 분이다. 보건진료소에 오기만 하면 '삭신이 전국적으로다가 다 쑤시고 아프다'는 호소 이후 생애(生涯) 낭송이 시작된다. "요즘 같으면 하루도 못 살 것이네!" 그렇게 운(韻)을 떼고 이어지는 분순 씨 이야기는 들어도 들어도 물리지 않았다. "어머나! 세상에!" "어머나! 얼마나 아프셨을까요?" 나의 추임새는 박자가 빨라진다.

부모가 정한 혼사(婚事)를 따라야 했던 열여섯 살 분순 씨, 얼굴도 모르고 와서는 첫날밤에 '재우' 보았다는 그 남자. 사흘 후 손도 안 잡아주고 군대에 가버렸다는 그 남자에 관한 서론이 펼쳐질 때면 막걸리 두어 잔은 비워져있다. 제대가 코앞인데 물어갈 전쟁 통에 면회 갔다가 눈물 버무린 먼짓길을 허망히 돌아왔다는 이야기, 그러고도 칠 년을 참아 더 기다렸다는 절정에 이를 때면 문장의 어떤 수사(修辭)가 무슨 의미가 있으리. 나는 매번 눈물이 마려웠다.

어지러운 시대에 태어나 흔들린 가난과 매운 시집살이 아래로 지독하게 드리운 먹빛 그리움들. "그냥 막 도망가지 그러셨어요?" "미쳤지. 미치지 않고서야 어찌 살았것는가? 우리들 살아온 거이 반에 반절도 이해 못할 것이네. 그땐 그랬네" (웃음) "여보시오, 님아! 몇 달에 한 번 편질랑 말고, 일 년에 한 번 얼굴 좀 보여주소. 호미질 함시나 노래까지 지었지. 늙은이들은 멍청해서 그랬다 치세. 요새 사람들은 많이 배우고 머시등가 겁나게 흔해 빠졌는디, 사는 거 보면 참 가벼워. 무게가 없어, 무게가. 만남도 쉽고 헤어짐도 쉽지. 참말로 이상하지 않은가."

  몇 시간 풀어낸 것으로는 어림 반 푼어치 없다. 책으로 쓰자면 밤잠 안자고 석 달 열흘 밥을 안 먹고 적어도 모자랄 판이라던 분순 씨. "연필 굴릴 줄 아는 사람이면 낱낱이 적어낼 것인디, 그라믄 천지간에 쌓아둘 곳이 없을 것인디!" 후렴으로 읊조리던 분순 씨. 모진 날을 기어이 살아, 끝까지 살아낸 그녀는 참으로 위대하다. 사랑을 사랑이라 말하지 않고 진짜 사랑을 완성한 사람이 여인 분순 씨. 오래 참고도 자랑이나 교만도 없던 사랑. 그리하여 마침내 죽음마저도 그 남자 바라보는 아랫목에서 의연하게 맞이한 분순 씨. 마루 건넌 볕뉘 문틈으로 들어온다. 영감님 손등 우로 소나기 쏟아진다.

  마지막 가시는 길에 내가 드린 것은 국화 한 송이. 분순 씨가 탄 꽃차 보건진료소 앞으로 지나간다. 골목길 돌아 마당골로 가더니 왔던 곳으로 다시 돌아간다. 사람들도 따라간다. 나는 내가 가진 무기를 더 갈고 닦아야 할 것 같다.

•

바람은 남으로 불다가
북으로 돌아가며
이리 돌며 저리 돌아
바람은 그 불던 곳으로 돌아가고
(전도서 1:6)

**2019년 4월, 안개 새벽
박도순**

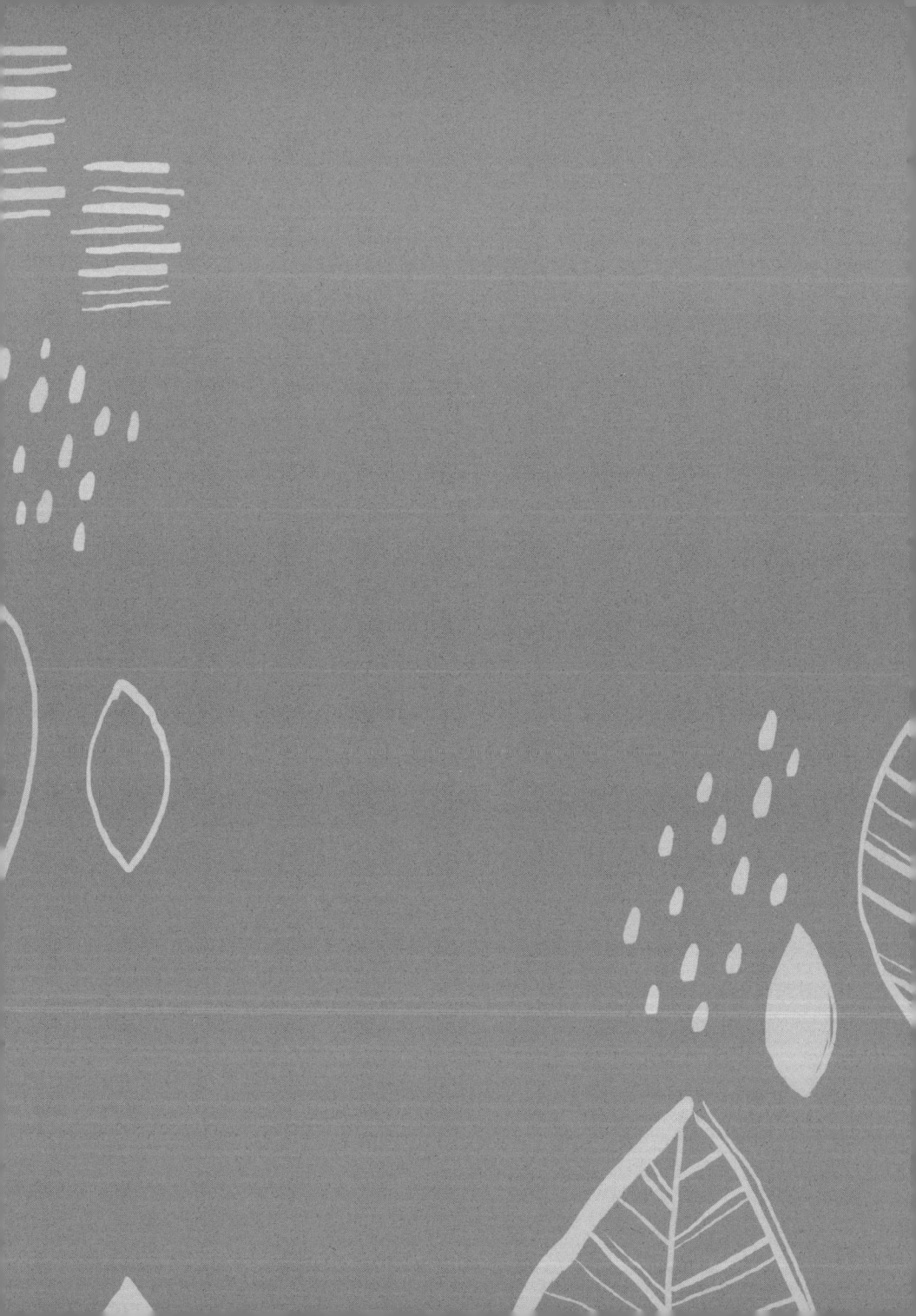

그 어디나 하늘나라, 봄

바꾸어 가는 길에서
겉사랑 속사랑
아버지
사랑은 움직이는 것
무엇이 될까
두 얼굴
가려운 속삭임
혼밥
서울에는 없는 두 가지

바꾸어 가는 길에서

하루 세 시간, 일주일에 20시간, 10년을 연습하면
실력을 겸비한 달인이 된다는 말이 있다.

수영을 취미로 입수(入水)한 지 10여 년이 되어간다. 하루 한 두 시간 일주일에 열 시간, 10년 정도 물질을 했으니 그동안 먹은 '물밥'이 적지 않다. 그런데 지금의 나는 실력을 겸비한 달인이 되어 있는가. 아니 달인은 고사하고 반(半)달인이라도 되어 있어야 맞을 것이나 그렇지 않다는 데에 문제가 있다.

며칠 전 강습 시간에 어느 회원이 수중 디지털 카메라를 가지고 와서 회원들의 각 수영 동작을 사진과 동영상으로 촬영하였다. 파일을 카카오톡 그룹 대화방에 올려 주었다. 멋지게 영법을 소화하여 유영하며 즐기는 회원에게 부러운 시선을 던졌다. 나는 나의 수영 영상을 저장하여 수시로 감상하였다. 자유형을 볼까. 두 팔은 흐느적거리고, 팔 꺾기 동작은 어디로 갔는지 눈에 보이지 않는다. 발차기를 하는 두 발은 힘이 없고, 왼쪽형 호흡이라 다른 이들과 어색한 동작으로 고개를 돌린다. 이건 수영이 아니라 거의 물놀이 수준이었다. 누가 볼까 창피할 정도의 동작으로 수영을 하는 모습이라니. 10년이라며? 10년이라며? 당장 쥐구멍이라도 숨고 싶었다.

다음 날부터 수영 자세를 교정하기로 결심하고 퇴근 후 시간을 내어 발차기부터 연습을 시작하였다. 강사 선생님과 함께 새로운 영법을 익힌다는 각오로 연습하기를 일주일. 처음 수영을 배우던 때의 경험들이 오롯이 되살아난다. 그것은 말할 수 없는 고통이 따르는 과정이다.

25m 레인을 '구자유형'으로 한 시간 정도는 어렵지 않게 릴레이가 가능하던 것이 교정하는 '신자유형' 영법으로는 25m도 전진하기가 쉽지 않아 중간에 물 밖으로 고개를 내밀어야 했다. 숨이 차니 호흡은 가쁘고, 가슴으로는 찌리찌리한 통증까

지 온다.

 나의 잘못된 습관을 알고 그것을 고쳐보고자 노력하는 것, 그것은 '잘못된 습관을 가지고 있다.'라는 인식에서 출발한다. 인식은 결심이 되고, 결심은 행동을 바꾸게 하고 유지하게 되는 것이다. 많은 잠언을 통하여 습관은 운명까지 바꾼다고 익히 잘 알고 있는 터. 그러나 잘못된 습관을 바꾸어 가는 과정에서 참아야 하는 '고통'에 대한 언급은 그리 많지 않다.

 숨이 막히고 가슴이 아파서 멈추지 않으면 곧 죽을 것 같은 고통이 과정 속에 숨어 있다. 수영의 대표인 박태환 선수, 대형선수인 그도 코치로부터 충고를 들으며 기록 갱신을 위한 훈련을 계속할 것이다.

 남들보다 자신만이 잘 하는 것이 있는가. 그것을 잘하기까지 얼마나 많은 시간을 들이고 있는가. 혹은 지금 자신이 무엇인가를 잘하기 위하여 투자하고 있는 시간은 어느 정도인가. 은사(Gifts)를 따라 최선을 다하여 노력하는 것, 그 시작은 작은 '변화'에서 출발한다는 것을 기억하자.

 나는 지금 서서히 달인으로 가고 있는 거 맞지? 명심해, 죽을 것 같아도 죽지는 않아! 스스로를 이겨나가는 것. 완성되어가는 길에 숨어있는 기쁨을 누려보자. 화이팅!

오라 우리가 굽혀 경배하며 우리를 지으신
여호와 앞에 무릎을 꿇자
그는 우리의 하나님이시요
우리는 그가 기르시는 백성이며
그의 손이 돌보시는 양이기 때문이라
(시편 95:6~7)

겉사랑 속사랑

옷장 정리를 해 보면 안다.
보이지 않는 사이 아이들이 훌쩍 자랐다는 것을.

조카들에게 보내기 위하여 철 지난 작은 옷들을 따로 모았다. 옷을 나누는 중에 바지와 윗도리 안쪽에 붙은 상표에 검은색 혹은 붉은 색실로 표기된 십자(十)자 모양이 눈에 뜨인다. 이것은 생후 이 년 동안 쌍둥이 중 동생인 예찬이를 돌봐주신 어머니의 손자에 대한 사랑 표시이다.

"아가! 애비 들어왔냐?" 시작되는 안부 뒤에는 "우리 '예찬이', 아니 쌍둥이 잘 지내냐?"가 이어진다. 어머니는 또 얼떨결에 예찬이 이름부터 부르신다. 누구 이름을 먼저 부르든, 나는 안다. "옷 사서 보냈다. 집 앞에 있는 마트에 갔더니 세일하더라. 바지랑 윗도리랑 보냈으니 바뀌지 않게 신경 좀 써서 입히거라."

같은 색상, 같은 디자인의 옷인데 어머니는 왜 굳이 따로 입히라 하시는가. 예찬이 옷에 색색의 실로, 때로는 굵은 펜으로 보이지 않는 곳에 보이는 표시하여 보내시는데, 그것이 손자 향한 할머니의 속사랑이었다는 것을 깨닫는 데 적지 않은 시간이 걸렸다.

직장에 다니면서 쌍둥이를 돌본다는 것은 내게 벅찬 일이어서 산후 휴가를 마치고 복직을 며칠 앞둔 날, 어머니와 나는 서로 한 명씩 돌보기로 하고 마주 앉았다.

"어머니, 제가 누구를 데리고 갈까요?"
"그래도 애미인 네가 큰아들을 데리고 가야 되지 않겠느냐? 그리 하거라."

쌍둥이는 그렇게 헤어졌다. 형은 나에게, 동생은 할머니에게 양육되었다. 그리고는 주말에 만나게 되었다.

업무와 양육에 지친 나는 주말이면 이제 좀 쉴 수 있겠다는 안도감보다는 주말마다 남편과 시부모님, 쌍둥이 누나들까지 한자리에 모이니 더 비장한 각오로 토요일과 일요일을 지냈던 기억이 새롭다. 식구 여덟 명이 모이면 아이들은 웃고 떠들고, 울고 뛰고, 소리 지르고 한바탕 소란스러운 전쟁 그 자체였다. 쌍둥이가 두 돌이 지났다.

"아이들을 너무 오랫동안 떼어 놓으면 안 좋다더라."

어머니는 TV에서 어느 교수님의 말씀을 들으셨다며, 예찬이를 이제 그만 데려가라고 하셨다. 나는 동의했고, 그리하여 쌍둥이는 보건진료소에서 함께 자라게 되었다. 할머니 무릎에서 자라던 예찬이가 형과 엄마를 만나게 되었으니 얼마나 좋겠는가라고 생각한다면 큰 오산이다. 예찬이가 우리에게 오던 날 저녁이었다.

할머니를 찾으며 울기 시작하는데 한 시간, 두 시간이 지나도 울부짖음이 그칠 줄 몰랐다. 하루가 지나고 사흘이 지났는데도 계속되는 예찬이의 울음소리에 나는 점점 지쳐갔다. 속수무책이었다. 급기야 화가 치밀어 올랐다. '그래? 어디 너 울테면 실컷 울어 봐라!' 하며 내버려두었다. 옆에 있던 예빈이가 나를 멀뚱멀뚱 바라보더니 급기야 함께 운다. 나는 분명 엄마임에도 불구하고 할머니에게서 분리된 예찬이의 고통을 어떻게 다스려야 할지 몰라 난감한 상황에서 적잖게 당황했다.

예찬이와 어머니(할머니) 사이에 만들어진 '애착 관계'는 서로를 향하고 있었다. 할머니와 헤어지던 날, 밤부터 극심하게 울어 재낀 예찬이의 분리불안을 보면서 나는 다만 생물학적 겉엄마일 뿐이라는 생각에 무기력해졌다. 예찬이는 자라면서 할머니 외의 다른 사람에게도 사랑의 관계가 확장되었으나 어머니에게 사랑은 지금도 오직 예찬이 뿐이다.

같은 옷을 사면서도 특별히 '이것은 예찬이 것'이라는 표시로 당신의 속사랑을 못내 감추지 못하시는 어머니. 예찬이의 내면에 잠재한 정서적 어머니와 안전 기지도 여전히 할머니일 것이다. 꾸중을 듣거나 어려운 상황에 부닥칠 경우 예찬이 눈 속에서 할머니를 향한 그리움과 애틋함을 읽는다. 이제 아이들이 자라 더는 쌍둥이 옷에 색실로 표시를 남기는 겉사랑은 사라졌다.

옷장을 정리하며 지워지지 않은 옷 위의 속사랑 흔적들을 본다. 깊이를 알 수 없는 어머니 속사랑에 잔잔한 미소가 지어진다.

인자와 긍휼이 무궁하시므로
우리가 진멸되지 아니함이니이다.
(예레미야애가 3:22)

아버지

"저기… 괜찮으시겠어요?
무리하지 않으셔도 됩니다만…"
"걱정마세요.
이제 아버지를 마음으로 용서합니다."

졸저 〈그저 바라볼 수도 있어도〉 출판 소식이 인터넷 뉴스를 타고 퍼져 나갔다. 그 소식은 방송국까지 날아갔고, 졸지에 모 프로그램을 촬영하기에 이르렀다. 녹화가 끝났다. 나는 '아버지'라는 제목으로 노랫말을 지었고, 작곡가 돈스파이크 씨가 곡을 입혔다. 국민가수 주현미 씨는 열창하였다. '아버지'라는 노래가 탄생되었다.

방송 출연을 계기로 아버지에 대한 기억을 더듬었다. 차라리 잊혀지기를 원했으나 살아계실 때보다 더 강하게 내 안에서 출렁이는 아버지. 아버지는 늘 술에 취해 있었다. 비틀거렸고, 악취가 풍겼으며, 초점 잃은 눈동자와 고함은 두려움 그 자체이었다. 삽작문을 열고 들어오는 아버지의 발걸음 소리, 방에 있던 육 남매의 이름을 차례로 부르는 아버지의 고함은 도망쳐야 한다는 신호탄이었다. 우리는 뒷문을 열고 튀어나가 뒤뜰에 있는 큰 항아리에 숨거나, 낡은 농기구 뒤에 숨었다. 그 일상은 오랫동안 반복되었다.

담을 넘기 위하여 뛰어올랐다. 꽉 붙잡고 있던 함석 조각이 손바닥 안으로 파고들었다. 살점은 떨어졌고, 곧 붉은 피가 손목을 따라 흘러내렸다. 주먹 안으로 흥건히 고이던 뜨듯하고 비릿한 느낌. 어머니에게조차 다쳤다는 것을 말씀드리지 못했다. 상처는 지금까지 손바닥에 흉터로 남아 있다.

아버지가 미웠다. 몹시 미웠다. 어린 나는 아버지의 삶이 도무지 이해되지 않았고, 용서할 수 없었다. 그러나 나에게는 대항할 힘도 권력도 없었다. 아버지를 향한 분노와 미움은 날마다 쌓여만 갔다.

  다정한 남편, 자상한 가장으로서의 본보기를 보여주지 못한 아버지. 일그러진 아버지 상(像)은 결혼 이후에 더 혼란스럽게 영향력을 행사하였다. 부정할수록 외면할수록 가까이 다가오던 아버지. 아버지는 세상을 떠났는데도 싸움이 끝나질 않았다. 때로는 격렬한 경쟁 상대가 갑자기 사라져 버린 것 같은 묘한 허탈감이라니. 이건 또 무슨 조화인가.

  새벽 제단 앞에 엎드릴 때면 꿈속에서 아버지를 꼭 한번만 만나게 해달라고 기도하였다. 너희에게 몹쓸 짓을 했구나. 얘들아 미안하다. 그 말 한 마디만 듣게 되면 아버지를 용서하겠노라고 선포하였지만 끝내 아버지는 보이지 않았다. 상처뿐인 지학(志學), 나는 이제 불혹을 넘어 지천명(知天命)의 앞에 서 있다.

  촬영은 계속되었다. 그동안 살아온 삶의 일부를 노래의 가사로 만들어야 하는 것이 숙제이었다. 며칠 동안 고민은 계속 되었다. 그런데 이상한 일이 생겼다. 힘 없는 아버지가 나에게로 다가왔다. 힘이 세고 무서운 아버지가 아니라 고달픈 삶을 말없이 지고 가는 지극히 연약하고 작고 작은 남자. 그 한 남자가 보이기 시작한다. 그토록 침묵으로 일관하던 아버지가 보이기 시작하더니 목소리가 들리기 시작한다.

아! 아버지! 당신의 연약함이 너무나 부끄러워 숨어야할 방(房)이 필요했던 거였군요. 무능한 가장으로서의 부끄러움을 술로 현실의 벽을 쌓고 그 속에 숨어계셨던 거야. 그렇게 당신을 감추셨군요. 아버지는 날마다 그 빈방에 홀로 앉아 독대하며 술을 마셨구나. 짜디짠 눈물이 쓰디쓴 안주이었군요. 술잔 대신 뜨거운 눈물 잔을 드셨겠구나. 아버지를 외면하고 애써 따돌리며 고독하게 만든 나의 모습이 보이기 시작합니다. 눈물보가 터졌어요. 나는 머리를 조아리고 가슴을 치며 통곡합니다. 용서를 빌어야할 사람은 돌아가신 아버지가 아니었군요. 아~ 이런!

> 그때는 왜 안 보였을까
> 그대의 무거운 발걸음
> 차디찬 빈 잔을 뜨거운 눈물로 채우신 아버지
> 그때는 나 왜 몰랐을까
> 그때는 왜 외면했을까 (중략)

노랫말을 써 나가기 시작했다. 비틀거리며 홀로 걷는 무거운 발걸음 위로 굵은 눈물을 떨구고, 돌아서서는 힘이 센 척 우리에게 큰소리를 치셨구나. 아! 아버지! 아버지 산소에 올라갔다. 12년만이다. 아버지께 노랫말을 읽어드렸다.

요즘 나는 날마다 아버지가 그립다. 보고 싶다. 아버지를 힘껏 안아줄 자신이 생겼는데. 너무 늦은 건 아닐거야. 아버지 산소 옆에서 염려스러운 표정으로 기다리던 방송작가가 눈물을 닦아준다.

"소장님, 수고 많으셨습니다. 감사합니다."
"제가 고맙지요. 안녕히 가십시오."

내가 내 자녀들이 진리 안에서 행한다 함을 듣는 것보다
더 기쁜 일이 없도다
(요한3서 1:4)

사랑은
움직이는 것

"아침 출근길에 글과 사진을 봅니다. 내용도 좋고 사진 도 예술입니다. 오늘도 좋은 하루 보내세요."

하루를 시작하면서 생활 속에서 겪은 일을 글로 쓰고, 마을을 돌아다니며 촬영한 골목길이나 논밭 사진을 SNS에 게시하면, 매번 기분 좋은 메시지를 보내주는 한 사람이 있다. 그 사람의 짧은 칭찬의 글은 읽은 이의 마음 안으로 들어와 기분까지 좋게 만든다.

사이버상의 이름 외에 직업이 무엇인지, 어디에 사는 사람인지도 잘 모르지만 자신의 글을 다른 사람이 보는 것이 부끄럽다며 메시지만 보내주는 사람. 글과 사진의 좋고 나쁨, 부족함은 이미 내가 더 잘 알고 있지만 그래도 듣기 좋은 메시지를 받으면 마음이 훈훈해진다.

우연히 TV를 보았다. 사회자는 간암(肝癌)으로 투병 중인 아버지를 위하여 자신의 간(肝)을 아버지에게 이식했다는 청년을 소개하고 있었다. 아버지에게 새 삶을 선물한 사연의 주인공은 박지용 군이었다.

그의 아버지는 간성혼수로 쓰러졌고, 결국 간암으로 진행되었다. 유일한 치료법은 간 이식 외에 다른 방법이 없다는 의료진의 설명으로 가족 모두가 조직 검사를 받았다. 아버지와 맞는 사람은 박 군 뿐이었다.

지용 군은 자신의 간 3분의 2를 떼어 아버지에게 이식수술을 해드린 과정을 담담하게 이야기하고 있었다. 열여덟 살이라는 나이가 믿기지 않을 만큼 의젓하고 멋진 청년이다. 모든 수술 과정을 성공적으로 마쳤고, 박 군은 아버지와 함께 건강을 회복하고 있는 중이라고 하였다. 강연장에서는 관중들이, 강연장 밖에서는 TV 앞 시청자들이 뜨거운 박수를 보내고 있음이 느껴졌다.

나에게 아침마다 석 줄도 안 되는 짧은 메시지로 응원을 나눠주는 한 사람, 생명을 걸어야 할 만큼 위험한 수술로 사랑의 기적을 낳은 한 사람을 보며 생각한다. 사랑의 크기를 자로 측정할 수 있을까, 사랑의 무게를 저울에 달 수 있을까. 사랑의 시작은 어디에서 기인할까. 크고 작고, 많고 적음이 아니라 누군가에게 또는 무엇인가에 '향'(向)하는 마음이 사랑의 시작이라는 생각이 들었다.

사람이나 어떤 존재를 아끼고 귀중히 여기는 마음, 남을 이해하고 돕고자 하는 마음. 명사(名詞)일 때는 이름 자체에 불과하나, 움직이기 시작하면 마음을 따뜻하게 하고, 생명을 살리는 기적까지 낳는 동사(動詞), 사랑의 두 얼굴이다.

이른 아침 얼굴도 모르는 이의 짧은 메시지의 작은 사랑, 자신의 장기 중 하나를 3분의 2까지 나눠준 큰 사랑. 나의 글과 사진이 부족한 줄 알지만, 그래도 글과 사진 작업을 계속하는 것은 한 사람의 작은 응원 덕분이고, 죽음을 기다릴 수밖에 없던 아버지를 살린 것은 아들이 나눈 큰 사랑의 결과이다.

마음을 움직이는 힘은 석 줄도 안 되는 짧은 메시지에서 나올 수 있다는 것을 기억하자. 그런 사랑을 가졌는가, 그런 사람이 되어줄 마음을 가졌는가. 서로의 삶을 향(向)하여, 뜨겁게 응원하자. 새로운 생명 잔치가 시작되는, 봄이다!!

이 모든 것 위에

사랑을 더하라

이는 온전하게 매는 띠니라

(골로새서 3:14)

무엇이 될까

"엄마! 기관사 시험 문제는 어려운가요?"
"엄마! 우리는 과연 합격할 수 있을까?"

우리 집 쌍둥이의 꿈은 기차 기관사가 되는 것이다. 형은 무궁화호, 동생은 KTX 열차를 운전하고 싶어 한다. 유치원에 다닐 때에는 도마뱀이 되고 싶다고, 상어가 되고 싶다고 말한 적도 있었는데 KTX를 처음 타던 날의 기억이 꿈을 낳은 것 같다.

철도 기관사의 꿈을 갖게 된 것은 처음으로 KTX를 타고 서울에 다녀온 이후부터였다. 상행선과 하행선 열차가 엇갈리는 순간 바람을 가르는 요란한 소리와 매우 빠른 속도, 눈 깜짝할 사이에 벌어진 상황 앞에 둘은 놀란 눈으로 서로를 바라보더니 가슴을 쓸어내렸다. 컴퓨터에 접근하면 KTX 관련 동영상을 찾는 것이 아이들의 일상이 되었다. 심지어 엄마인 내가 모르는 KTX 탈선이나 사고, 명절맞이 승차권 예매를 시작했다는 등의 뉴스까지 들려주기도 한다.

지난 여름방학이었다. TV 앞에 앉아 있거나 컴퓨터 게임과 지내기 일쑤여서 개학이 얼마 남지 않은 어느 날, 남편에게 기차 여행을 제안하였다. 영동역에서 출발하는 무궁화호를 타고 부산까지 다녀오자는 것이었다. 아이들도 대환영하였다. 쌍둥이에게 기차를 운전하는 기관사를 직접 만나 인사를 나누고, 그분과 함께 찍은 사진을 인증으로 남기라는 숙제를 제시하였다.

"저희는 무주에 살고 있는데요, 부산으로 여행 중입니다. 아이들의 꿈이 기관사라서 기관사님을 꼭 뵙고 싶은데, 괜찮을까요?"

"운행 중에는 기관실이 통제 구역이라 출입이 불가능합니다. 부산역에 도착하면 차량 정리를 위하여 몇 분간 정차하니 그때 문의해보시지요."

한 시간쯤 지났을까. 객실을 오가던 승무원이 우리 곁으로 다가와 정중히 인사를 하시더니 아이들의 이름을 묻는다. 기관실을 구경시켜주겠다는 것이었다. 쌍둥이와 함께 승무원을 따라 나섰다. 마지막 객실을 지나고 '통제 구역'이라는 붉은 글씨가 선명한 '기관실'에 이르렀다. 문을 여는 순간 고막이 터질 것 같은 굉음에 두 귀를 검지손가락으로 꽉 막고 말았다. 쌍둥이도 두려운 표정이 역력하다. 기관실을 돌아다니며 설명을 듣는데 아이들은 어느새 신기하다는 표정으로 바뀌어 있다.

잠자는 동안에 깨어 있을 때와 마찬가지로 여러 가지 사물을 보고 듣는 정신 현상. 실현하고 싶은 희망이나 이상, 또는 실현될 가능성이 아주 적거나 전혀 없는 헛된 기대나 생각, 그것이 꿈이다. 지금 아이들이 품고 있는 꿈은 잠을 자는 동안 볼 수 있는, 실현하고 싶은 환상에 불과할 수도 있다. 그러나 기관사의 환한 미소와 함께 사진을 담던 순간은 꿈을 향한 문이 활짝 열리는 느낌이었다. 꿈이 없었다면 어찌 기관실에 발을 디딜 수 있었을 것이며, 기관사와 다정한 포즈를 취할 수 있었겠는가. 이것이 꿈이 주는 증거일 것이다.

여행을 마치고 집으로 돌아와 잠자리에 든다. 쌍둥이가 묻는다.

"엄마! 기관사 시험 문제는 어려운가요?"

"엄마! 우리는 과연 합격할 수 있을까?"

이 녀석들, 오늘 밤, 시험에 떨어지는 꿈을 꿀지도 몰라. 꿈은 반대니까! 잠들었나 싶었는데 쌍둥이가 다시 묻는다.

"엄마! 그런데 엄마 꿈은 뭐예요?"

"꿈? 그게 말이야. 흠. 그게 말이지…"

내가 또 너희에게 이르노니
구하라 그러면 너희에게 주실 것이요
찾으라 그러면 찾아낼 것이요
문을 두드리라 그러면 너희에게 열릴 것이니
(누가복음 11:9)

두 얼굴

주사맞고 나서
바짓자락을 추켜올리지 못하신다.

무슨 말인지 알아들을 수 없는 말을 중얼거린다. 무언가 잡으려는 듯 허공으로 두 손을 내젓는다. 현관문 닫고 나간 김 씨를 창문 너머로 지켜본다. 노모차(?)를 밀고 가는데 집으로 가는 방향을 제대로 틀지 못하신다. 개울에 빠질 것만 같다. 황급히 쫓아갔다. 아무 일 없다, 괜찮다, 괜찮다고 하신다. 골목으로 사라지는 모습 바라보다 아무래도 수상하여 뒤따라갔다. 잘못되었다는 확신에 거한 것은 앉자마자 누워버리는 것이었다.

　따님에게 전화를 걸었다. "어머니가 이상해요, 다녀가셔야겠습니다." 반 시간 쯤 지났을까? 보건진료소 앞으로 마티즈가 달려간다. 며칠이 흘렀다.

　밤이면 더 기침이 심하다며 이 씨가 오셨다. 문진(問診)이 끝나고 일어서자 알약은 삼키기 어려우니 물약으로 달라 하신다. 한 번에 20cc, 하루 세 번 복용하라 설명한 후 처방 내역을 저장했다. 약병에 유성 펜으로 3분할 선을 그어 드렸다. 이튿날 얼굴을 다쳐 다시 보건진료소에 오셨다. 약을 먹고 집을 나섰다고 했다. 자전거 타고 농로 따라 달리는데 갑자기 어지러워 중심을 잃고 논으로 빠졌다고 하셨다. '진흙 짱아찌 제대로' 박았다며 웃으시는데, 나는 간담(肝膽)이 서늘해졌다. 얼굴에는 피멍이 들고 눈두덩 주변은 부어있었다.

　보건진료소에 오신 김 씨는 딸이 먹어야 할 신경정신과 약을 당신이 먹었다고 고백하셨다. 모양과 색이 비슷하여 당신 것인 줄 알았다는 것이다. "째까나고 같잖은 알약 거시기 때미 황천길 갈 뻔했다."고 하신다. 자전거 타고 농로를 달리다 넘어졌다는 이 씨 고백도 이어졌다. 세 번으로 나눠 먹어야 할 물약을 한꺼번에 마셔버렸다는 것이다. 멋쩍게 웃으며 "물약이라 갈갖게 거시기 했더니 큰일 날 뻔했다."고 하셨다. 지역사회건강조사 항목 중 최근 2주 동안 사고중독 등으로 몸이 아프거나 불편을 느껴 병원이나 응급실 등에서 치료를 받아야 했던 '만성·급성 질환 및 사고중독 경험률'이 있다. 우리 지역에서도 연령이 증가할수록 경험률이 증가하는 것으로 나타났다. 노인이 될수록 보건의료이용에 대한 요구가 높아지고 실제 보건의료이용률은 높아질 수밖에 없다. 하지만 어르신들은 처방 내용을 잘 모르거나 투약 지침이 제대로 지켜지지 않는 경우가 있다.

날마다 쏟아지는 건강정보, 병·의원이나 보건(진료)소에서 제공되는 의료정보는 일반인도 이해하기 어려울 때가 있다. 설명을 들이도 어렵고, 어지러운 괴대광고도 넘쳐난다. 보건의료정보 제공자와 소비자 사이에 '의료정보이해능력' 차이의 공허가 빚은 일례라 할 수 있을 것이다. 의료인 입장에서는 처방의약품이 제대로 투약 이행되고 있는지 관리 여부를 확인할 소통의 방법이 없다. 그러니 오남용 사고가 생기지 않겠는가.

낮은 의료정보 이해능력 배경에는 낮은 기초문해력(일상생활을 해 나가는 데 필요하다고 판단되는 실용적이고 교양적인 글, 서식 등 언어 자료를 최소한 읽고 쓰는 능력)이 있다. 정성

다한 설명을 제공해도 듣고 나서 돌아서면 잊어버리는 노인 단기 기억력은 우리를 더 안타깝게 만든다. 제공자와 소비자 간 극을 좁혀 약물 오남용 사고를 예방할 수 있는 방법은 무엇일까. '째까난 거시기', '같잖은 거시기'라고, 얕잡아 함부로 먹고 마신다면, 알약 물약은 우리를 '같잖게' 여겨 역공할 것이다.

'약은 곧 독(毒)'이라는 말이 있다. 자신 뿐 아니라 주변에 약 먹는 어르신이 계신다면 관심 갖고 지켜보자. 밥보다 밥상에 먼저 오르는 두 얼굴의 약, 반찬보다 가짓수가 더 많은 알약, 물약이 간혹 독이 되지는 않을까, 때로 그것이 두렵다.

가려운 속삭임

"소장님! 죄송하구먼요.
아척은 자셨는가 모르것네."

"…저기 머시냐, 누가 그러는디, 우리 아들, 점을 좀 보라는 디요, 밤새 고민하다 왔고만요(좌우를 살피는 강 씨, 나는 낮은 심호흡). 점쟁이가 지리산 동굴에 있다는디요, 겁나기 신통방통하대요. 삼 년이나 도를 닦아서 아, 글씨, 앉아서 천리를 본다드만요. 건년 말 거시기네 아들도 하도 장개를 못 가서 찾아갔는디, 삼 년 안짝에 간다더랴. 이 년 만에 손자를 봤당게요. 우리 아도 장개를 가기는 가는 건지, 못 갈 팔자인지, 그거나 좀 속 션하게 물어볼라고요. 요새 영 잠을 못 잔당게요(또 한숨). (…그래서 얼마래요?) 사백만…원이라는구만…요."

진료대기실 TV 앞에서는 어르신들 추임새가 요란하다. 아나운서 이야기가 끝나기 무섭다. "사람이 아니구먼!", "저런 놈은 단번에 죽이는 것도 아깝네!", "죽은 사람만 불쌍허지. 느 각시도 이자 신세 딱하게 되아부릿다." 분노와 측은을 넘나드는 너울 사이로 끼어드는 "육시럴 놈! 호랭이가 팍 물어갈 놈!"은 그 중 깨소금이다.

"다음 분 들어오세요."

과수원에서 물 뿌리는 줄을 잡아당기다 끊어지는 바람에 뒤로 넘어져 다쳤다고 하신다. "낮에는 갠찬타가 해가 넘어강게 쑤시기 시작허는디 환장하것드만요. 한축이 나서 못 전디것드만요." 자정 넘어 구급차를 부른 것을 시작으로 강 씨의 지난 이야기가 이어진다. 병원에서 진단한 결과는 전완부 복합골절(Forearm Compound Fracture)이었다. 부서진 뼛조각을 맞추고 철심까지 박았다는 수술 이야기가 뒤잇는다.

돈 버는 낙(樂)으로 몸 부리는 분인데, 팔이 묶였으니 일상도

묶여 말끝마다 한숨이 길다. 소독과 드레싱 교환하던 날, "소장, 내가 잘못해서 자빠진 것이 아니라 머싱가가 뒷덜미를 잡아당겼다니께요." 강 씨는 당신이 다친 것이 귀신 탓이라고 목소리를 높였다. 일을 못 하니 돈도 못 벌고, 고생 또 고생 생고생이라는 한탄 뒤로 귀신 강론(講論) 덧붙이신다. 나는 판단할 수 없다. 더구나 정죄(定罪)라니. 대기실에 있던 어르신들 간섭이 시작되고, 귀신론자 무귀신론자 썰전(!)이 펼쳐지더니

"소장은 귀신 본 적 있는가?" 강 씨를 겨누던 화살이 나에게로 날아왔다. '니가 봤냐?', '내가 봤다!' 갑론을박 뜨거운데 나는 말 없이 수술 부위 반 캐스트(Half Cast)를 벗겨내고 붕대와 거즈를 풀었다. 분위기로 봐서는 상처에 손을 얹고 '수리수리 미수리 수수리 사비하' 주문을 외워야 할 것 같은데 말이다. 진료소에 오기만 하면 남편이 일찍 죽은 것, 팔자에 없는 과부가 된 것, 여기저기 아픈 것, 다치는 것, 아들 장가 못 가는 일까지 만사 귀신 관련 주장학파 강 씨.

"삽작문 옆 변소에 달걀귀신이 산다. 저녁에 늦게 들어오지 마라. 장가 못간 총각이 한(恨)을 돌돌 말아 변한 것이 덕석귀신인 거여. 시집 못간 아가씨는 처녀 귀신이고, 알것냐? 밤질 걸을 때 절대 묏동(墓)을 쳐다보면 안 된다."

동네 오빠들의 당부. 애써 바라보지 않으려 벗은 옷을 두건처럼 둘러쓰고 어정쩡 무덤가를 걷던 기억이 살아났다. 검게 드러누운 단지산 위로 별들은 반짝이고 수숫잎 서걱거리는 소리만 들려도 걸음아 나 살려라, 내달리던 일들. 화들짝 놀란 봉숭아꽃도 씨방이 터졌을까. 무덤 뒤로 슬그머니 검은 형체가 보이고, 괴이한 웃음소리라도 들리면 온몸이 얼어붙던 그 밤. 분명 귀신을 보았고, 들었노라고 허리에 손을 얹고는 별 이득도 없는 허세에 기(氣)를 세웠던 어린 시절. "달빛 귀신 그림자를 보았다니까! 하지만 바라보진 않았어. 그래서 죽음은 면했지!"라고 주장했던 나의 억지는 한동안 귀신 존재론의 근거가 되기도 했었다. 훗날 짓궂은 남자아이들의 장난이었다는 것을 알고 나서 신념은 무너져버렸고 거짓은 드러났지만, 보건진료소에 오는 어르신들이 풀어놓는 영적 체험들을 듣노라면, 그것은 신학과 과학 사이에서 몸소 겪었다는 저들만의 믿음이 되곤 한다.

  어린 시절 어쭙잖은 나의 이야기는 실소(失笑)를 금치 못하겠다. 강 씨가 주장하는 '만유 귀신연관론'은 사람 세상에서 벌어지는 해프닝으로 여겨야 할까. 마지막 소독하던 날, 오염된 솜을 버리고 핀셋으로 거즈를 들어 올리는데, "어젯밤 꿈에는 흰 옷 입은 천사가 깨끗한 천으로 아픈 디를 만짐시나 덮어주더만요. 아무 걱정하지 마라, 다 나았다 하면서요." 뒷덜미를 잡아당겼다는 귀신과 당신 상처를 어루만졌다는 천사 사이로 그녀의 뼈에 박힌 철침은 누군가의 가시관이 되고, 실밥은 하늘에 닿는 사다리로 비유가 확장되었다. "잘 나았네요. 고생 많았습니다."

오늘 아침에는 다시 찾아와서 마흔 넘은 아들 혼인 걱정이라, 점 보는 사람을 찾아가야 하나 말아야 하나 고민을 풀어놓는다. 사백만 원이면 몇 달의 품삯일 텐데. 아른거리는 햇살 사이로 기도가 고인다. "당신의 긍휼을 베푸소서. 손발 닳도록 품 팔아 모은 강 씨의 전대(纏帶)를 지켜주소서. 다 잃고 돌아와 우는 일 없게 하옵소서."

때가 이르리니
사람이 바른 교훈을 받지 아니하며
귀가 가려워서
자기의 사욕을 따를 스승을 많이 두고
또 그 귀를 진리에서 돌이켜
허탄한 이야기를 따르리라
(디모데후서 4:3~4)

혼밥

이십 분이나 시났나.
출입문 열릴 때마다 고개를 돌렸다.

이왕 이렇게 된 거 십 분만 더 기다려보자 마음먹는다. 출입문이 열릴 때마다 돌아본다. 그렇다. 나는 보기 좋게 바람맞았다. "소장, 시간 좀 줄랑가? 선한 칼지비 한 볼테기 먹고잔디 혼자 갈 수가 엄네. 값은 내가 낼 테닝게 나랑 밥 좀 먹어주시게." "칼국수 드시고 싶군요. 어차피 저도 혼자 먹는데 잘됐네요. 사드릴게요." "그짝이 돈 내믄 안 갈라네." 나는 팔순 넘은

이 씨의 협박(!)에 못 이겨 약속한 것이다. "장바닥 귀경 좀 하고, 영감탱이 꾸줄 조구새끼 맨 마리 사고, 병원 가서 침 좀 맞고, 그라믄 얼추 시간이 될 것잉게. 그때 보세."

밥값을 내겠다니 식사 후 마을로 돌아올 때 차로 모시고 오면 버스비를 아꼈으니 죄송함이 덜어지겠다고 생각했다. 찬 바람을 뒤로 하고 계단을 내려왔다. 홀로 보건진료소에 돌아왔다. 오후 네 시 반. 버스가 도착했다. 당신이 내리시나 살펴본다. 보따리 내리더니 진료소 마당 구석에 주차한 노모차에 짐을 실으신다. 내 시선은 둥구나무 옆 골목길로 접어드는 어르신 동선을 따라간다. 마음 같아서는 "점심시간에 왜 안 나오셨어요?" 고함치고 싶었지만 안 들리는 당신에게 무슨 유용인가. 며칠 후 천식약을 지으러 와서, 다시 며칠 후에 오셔서도 함구(緘口). 나도 애써 언급을 피하였다.

또 장날이 되었다. 어르신은 같은 제안을 하셨다. "션한 칼지비 한 볼테기 먹고 잔디, 혼자 갈 수가 엄네. 값은 내가 낼 테닝게 나랑 밥 좀 먹어주시게." 내 안에서는 지난번 온몸에 맞았던 찬 기운이 들썩거렸지만 웃음으로 약속했다. 어르신은 잊어버릴 수 있는 것이다. 식당에 오던 중 일이 생길 수도 있는 것이다. 살다 보면 그럴 수도 있는 것이지. 다시 보건진료소 문을 잠그고 읍내 칼국수 집으로 향했다. 그런데 이상했다. 차창으로 스치는 풍경 사이로 진지(眞知)라는 단어가 반짝거렸다. "야야! 큰아버지 진지 드시라고 해라." 어머니가 부르면 갖고 놀던 공깃돌을 땅에 놓고 일어섰다. 큰집으로 달려갔다. "큰아버지! 진지 드시래요!" "오냐, 알았다." 횡단보도를 건너고 식당 계단에 올라서는데 왜 그 장면이 떠올랐는지 말이다. 삽작이든 골목이든 어른을 만나면 '안녕하세요?' 인사말 보다 더 우선했던 '진지 드셨습니까'라는 말.

 그것은 우리의 정(情)이었고 안부였다. 그런데 언제부터인지 그 인사가 자취를 감추었다. 진지가 사라진 자리에 다가온 것이 '혼밥'이다. 혼자 먹는 밥이라 혼밥일까, 외로운 영혼의 밥이라 '혼밥'일까. 자랑인 듯 아픈인 듯 SNS에 올라오는 혼밥. 그 속에 사라진 밥의 정령. '나랑 밥 좀 먹어주시게'. 어르신의 그것은 어쩌면 처절한 외로움의 긍정일 것이다. 그리하여 그것은 가파른 벽을 마주한 고독하고도 서러운 몸부림처럼 보여진다. 이 씨도 거동 불편한 영감 옆에서 날마다 혼밥을 드셨구나. '션한 칼지비 한 볼테기 먹고잔디, 혼자 갈 수가 엄네. 값은 내가 낼 테닝게' 그 말씀은 외로운 선언이셨던 것이다.

 이번에는 치밀하다. 값을 미리 계산하시다니. 바지락을 건져

드시고 국물까지 남김이 없다. 나는 생각했다. 어르신 혼자 짓는 밥은 진지가 아니다, 홀로 먹는 밥은 진지로 승격할 수 없는 것이라고. 밥상 차려줄 가족이 없다면 그 밥 또한 진짓상이 아니리라. 홀로 먹는 밥보다 더 확실하게 실존의 고독을 논할 수 있을까. 제아무리 화려한 음식이라도 혼자 먹는 그것은 맛을 누리기에 역부족일 것이다. 꽁보리밥일지라도 둘러앉은 식솔이 어른 먼저 드시기를 기다리며 군침을 삼키는 밥상, 그 상에는 혼이 담긴 것이요, 그렇게 먹는 밥이 모두에게 진지일 것이다. 가마솥 뚜껑을 열면 천장으로 희고 구수한 뭉게구름이 목화처럼 벙글고, 밥 티 하나 흘릴세라 투박한 어머니의 젖은 손이 다독거리며 고봉으로 퍼 담던 그 밥, 그 진지하고도 극진한, 그 밥이 그립다.

내가 주의 말씀을 얻어 먹었사오니
주의 말씀은 내게 기쁨과
내 마음의 즐거움이오나
(예레미야 15:16)

서울에는 없는
두 가지

5% 포도당이 200ml쯤 남아 있다.

수액주사를 맞고 있는 이 씨의 상태를 살피려 진료실로 들어갔다. 어르신은 고향 떠난 지 오십년 만에 다시 고향으로 돌아온 분이다. 파킨슨 질환으로 투병 중이던 막내아들을 하늘로 보냈다. 치료와 간병비로 인한 경제 파탄으로 신용불량자가 되었다. 가세가 기울더니 마음마저 무너졌다. 급기야 자살시도까지 했었다는 말씀까지 나누게 된 이 씨. 가시밭길 여정 후 서울에서 고향으로 돌아온 일흔일곱 이 씨. 나는 상상조차 어려운 당신의 삶을 듣노라면 절로 고개가 숙어진다. 덕유산이 당신을 품지 않았느냐고 그것이 위로될까마는, 하나 마나 한 이야기에 서로 멋쩍게 웃고 말았다.

다시 시작해야 하는 삶 또한 쉽지 않으리라는 것을 안다. 하루에 한 움큼의 희망만 보듬으려 노력한다고 하셨다. 햇살을 바라볼 수 있는 것만으로도 감사하다는 고백도 이어졌다. 나는 이 씨의 몸과 마음이 점차 안정되어 가고 있다는 것을 '먼저 말 걸어옴'에서 발견했다. 보건진료소에 오시면 항상 내가 먼저 말을 걸었고, 묻는 말에만 '단답형'으로 대답하던 그가 '서술형'으로 자신에 대하여 말하는 것이 그 증거이다.

사는 동안 만났던 온몸으로 스민 두려움까지 이야기로 풀어 놓으셨다. 삶을 조금이나마 이해할 수 있게 된 것은 마음을 나누며 심중에 흐르는 소리를 듣게 된 간호사 이전의 사람과 사람 사이 믿음과 사랑이라면 사랑일까.

"소장님! 무주에 내려와 시골에 살면서 느낀 것인데요, 서울에는 없는 두 가지 풍경이 있더군요." 링거 조절기를 만지는 나에게 묻지도 않은 서술이 이어졌다. 그가 보았다는, 서울에는 없다는 시골 풍경 두 가지는 무엇일까. 나는 더 다가앉았다.

"하나는, 장날 시장에 갔는데 물건을 파는 사람도 늙은이, 사는 사람도 늙은이, 나도 늙었지만, 정말이지, 노인 문제가 보통 심각한 것이 아니구나 싶더군요(웃음). 또 하나는, 돌아오는 길에 완행버스를 탔는데, 앉아 있는 사람도 늙은이, 서 있는 사람도 늙은이, 차창 밖으로 보이는 버스 기다리는 사람까지도 노인이더라."며 문제의 심각성을 설명하셨다. 좌석을 양보하는 사람도 없고, 양보해야 할 사람도 없고, 양보받아야 할 사람만 가득한 버스 풍경이 낯설어 이 씨는 신기한 지경이라고 하셨다.

이야기 끝에 내가 서울에 갔을 때 느낀 두 가지를 잇대었다. "하나는, 서울역에 내리면 열차에서 쏟아져 나와 계단을 오르는 사람 모두 젊은이, 지팡이 짚고 걷는 어르신은 마음먹고 찾아보면 보이려나? 사방으로 흩어져 제 갈 길로 오가는 사람, 대부분 젊은이. 특유의 활기와 분주가 생동감으로 넘치는 서울이고요, 또 하나는, 그 사람들 백분의 일, 아니 만분의 일만 우리 동네에 들어와 살면 얼마나 좋을까 하는 상상을 해요. 마을은 생동감이 넘치고 묵은 논밭에는 물이 넘칠 것 같더라고요." 이 씨도 웃고 나도 웃었다.

보건진료소 관할지역 인구 700여 명 중 65세 이상 350여 명. 우리 동네는 초고령화 사회에 진입한 지 한참 오래다.

2026년에 진입할 것이라는 통계청 예상 지표를 훨씬 앞서 나가고 있으니 눈부신 농촌이라고 해야 할까. 만성 퇴행성질환과 농부들의 농작업 후 요통에 어르신들 셀프 처방이 '안 아픈 곳이 없응게 짭잘허니 약 좀 잘 지으라'는 주문이 끊이지 않는다. 상태 판별을 위한 진찰, 검사, 환자이송, 외상 등 흔히 볼 수 있는 환자치료와 응급처치, 만성병 요양지도 및 관리, 예방접종과 진료에 따른 의약품 투여. 의료인이 아니면 의료행위를 할 수 없고, 의료인이라 하더라도 면허 이외의 의료행위는 할 수 없다고 명시한 규정에도 불구하고 나는 농촌간호사로서 의료행위를 수행한다.

　이 씨가 집으로 돌아가고 링거대에 걸린 수액 세트를 정리한다. 혈관 길이 십 이만 킬로미터, 굵고 가는 혈관은 지구 세 바퀴 길이. 거미줄처럼 얽혀 있으나 완전하고도 완벽한 자율과 질서로 순환한다. 도시와 농촌의 연결을 상상한다. 젊은이는 노인을 공경하고, 노인은 젊은이를 이끌며 둥글둥글 살아가는 세상. 엄청난 예산을 쏟아붓는데도 곧 소멸할 것이라는 우울한 농촌의 미래. 소멸 진단을 소생 치료로 부활시킬 대안과 정책은 진정 꿈으로만 아니, 꿈조차 꿀 수 없는 바람에 불과한 것일까.

소금은 좋은 것이로되
만일 소금이 그 맛을 잃으면 무엇으로 이를 짜게 하리요
너희 속에 소금을 두고 서로 화목하라 하시니라
(마가복음 9:50)

그 어디나
하늘나라,
여름

●

후회
채워야 이르나니
만남
꽃들은 길을 묻지 않는다
부끄러운 아픔
답장
그럼에도 불구하고
수풀 속에서
이웃

후회

"여보! 나는 노인 병원에서는
하루도 근무 못 할 것 같아.
그런 곳에 근무하는 의료진들 정말 존경스러워.
아버님을 병원에 모신 것이 너무 마음 아프네."

시아버님이 노인요양병원에 입원하셨다. 집으로 돌아온 남편이 편치 않은 속내를 털어놓는다. 말없이 등을 맞대고 누웠다. 아버님은 일본에서 태어나셨다. 일제 강점기, 오사카에서 태어나 소학교를 다니고 중학교를 졸업하셨다. 열일곱 살이 되던

해, 해방을 맞아 부모님과 함께 '조선'으로 돌아오셨다.

고향으로 돌아왔다는 기쁨보다 모든 것이 낯선 조국에서의 생활은 흑암과 같았다. 툭하면 튀어나오는 일본어 때문에 친구들에게 몰매를 맞았다. 소년은 사람들 앞에 나서는 것이 두려웠고 입을 다물기로 마음먹었다. 그는 점점 말이 없는 내성적인(?) 사람으로 변해갔다. 그렇게 세월이 흘러갔다.

연애 시절, 남편의 집에 처음으로 인사를 드리러 갔던 날, 퇴근 후 집에 돌아온 아버님은 가벼운 묵례 외에 아무 말씀이 없으셨다. 아버님이 차갑고 무서운 분이라는 첫인상을 받았다. 그러나 결혼 후 닫았던 말문을 열어 고향 오사카(大阪)에 관한 이야기, 교토(京都)의 명승지, 신사(神社)에서 놀던 추억담까지 나누어주셨다.

아버님 따라 낚시를 하러 함께 갔던 일, 홍도(紅島)에 여행을 떠났던 일 외에 나는 아버님께 딱히 해드린 일이 별로 없다. 주말에 가끔 만나는 일이 전부였지만, 그렇게 만나는 날에는 밀린 이야기로 늦은 밤까지 대화를 나누었다. 아버님은 나와 이야기 나누는 것을 무척 좋아하셨고, 나 또한 옛이야기 듣는 것을 무척 즐거워하였다.

아버님은 세월의 바람에 건조되는 마른 풀처럼 쇠약해져 갔다. TV를 친구 삼아 누워있거나 흔들의자에 앉아 잠시 창밖 풍경을 바라보다가 다시 TV 앞으로 돌아가는 일이 일상이 되었다. 며칠 전, 앉아있다 일어서는데 비틀거리며 넘어지셨다. 엉덩이관절에 골절상을 입었다.

당신 힘으로 스스로 일어서지 못하셨다. 수술 전 검사에서 콩팥과 심장 기능이 약하여 수술이 어렵다는 주치의의 설명을 들었다. 그렇게 아버님을 집 근처 노인요양병원으로 옮기게 된 것이다. 아버님은 정말로 혼자가 되셨다. 낮은 소음으로 홀로 떠들던 TV 소리도 흔들의자 풍경도 곧 사라졌다.

가족과 떨어진다는 것은 얼마나 답답하고 두려운 일일까. 자식도 며느리도 입 먹기 바빠 아버님의 곁을 지켜드리지 못한다. 이따금 돌보는 주치의와 간호사의 손길만 닿을 뿐, 아버님은 엉덩이뼈가 부서진 고통보다 더 아프고 두려운 시간과 마주하고 계실 것이다. 생각만 해도 마음이 아프다.

몇 번의 면회로 내가 아버님께 할 수 있는 것은 그저 아버님의 이야기를 들어주는 것뿐이다. 어쩌면 아버님도 나에게 바라는 것은 일상의 소소한 이야기를 자주 나누는 일이었을 것이다. 그러나 시간이 흐를수록 이야기를 나눌 수 있는 시간보다는 아버님은 병상에서 지쳐갈 것이고, 나는 세상살이 흐름에 흘러갈 것이다.

　아버님이 좋아하시는 노래, '비가(悲歌)'를 듣는다. 아버님이 하늘나라로 떠난 후 나는 슬픔과 그리움으로 얼룩진 노랫말을 읊조리며 아버님을 그리워할 것이다. 자식이란 언제나 부모님이 떠난 후 후회하는 존재라는 사실을 증명이라도 하듯. 틀림없이.

　"여보. 너무 마음 아파하지 마세요. 사는 것이 다 그렇지. 태어나 늙고 죽는 것. 하늘이 정한 이치잖아요."

　… 이불 속 그의 등이 들썩인다.

자녀들아 주 안에서 너희 부모에게 순종하라
이것이 옳으니라
네 아버지와 어머니를 공경하라
이것이 약속 있는 첫 계명이니
(에베소서 6:1~2)

채워야
이르나니

"엄마! 운동 그만둘 테요.
힘들고 재미가 하나도 없어요!"

주말 운동 프로그램으로 토요일마다 배드민턴을 배우고 있는 쌍둥이 녀석들이 학교에서 돌아오자마자 라켓을 책상 위에 팽개치듯 내던지더니 욕실로 들어간다. 문 앞에 서서 이유를 물으니 연습을 많이 하는데도 실력이 늘지도 않고, 잘하는 친구들이 같이 놀아주지 않으니 재미가 없다는 것이었다.

"생각대로 잘 안 되니까 화가 났구나. 배우기 시작한 지 얼마 되지 않았으니 당연하지. 집에 돌아와서 마당에서 둘이 연습하다 보면 좋아질 거야. 너희는 다른 친구들보다 늦게 시작했잖아. 아직 일 년도 안 됐는데 뭘! 엄마가 보기에 그 정도면 아주 잘하는 거야."

나를 흘겨보던 쌍둥이가 욕실 문을 쾅 닫는다.

주말이 지나고 월요일이 되었다. 집배원 아저씨가 "등기 왔습니다." 하며 사인을 해달라고 하셨다. 주소를 보니 보낸 사람은 대전에 사는 정 씨였다. 보건진료소에 첫 발령을 받아 일했던 시절, 구천동우체국에서 근무하던 집배원이다. 날마다 자전거를 타고 오셔서 신문과 우편물을 배달해주셨다.

반가운 마음에 선 채로 봉투를 열어 보았다. "소장님! 그동안 강녕하셨습니까. 정신보다는 물질이, 느림보다는 빠름이, 고요보다는 요란함이, 의(義)보다는 이(利)를 따르고 중시하는 각박한 시대에 한가롭게 서예술(書藝術)을 즐기며 사는 나는 참 행복한 사람입니다." 인사 글이 길다.

넓고 기다란 한지(韓紙)에 먹물을 적셔 붓으로 써 내려간 손편지가 들어있다. 한 구절 한 구절마다 향기로운 묵향이 번져 나오는데 편지에는 서예가 인간의 본성을 회복하는 데 적합한

예술의 진수(眞髓)이며, 한 획에서 출발한 서예를 익힘에 있어 결코 소홀함이 없도록 정진하겠다는 당신의 다짐으로 이어지고 있었다.

　서체와 서획을 보니 기십여 년은 족히 연습을 거쳤을 법한 필력이다. 마음의 선물이라며 맹자의 '진심장구(盡心章句)' 상편에 나온다는 글을 따로 쓴 종이가 함께 들어 있다. '흐르는 물은 웅덩이를 채우지 않고서는 앞으로 나아가지 않는 법, 우리는 시련이라는 웅덩이를 채우고 넘어가야만 한다. 웅덩이를 건너뛰거나 지름길에 연연해 하지 말고, 바른길을 걸으며 우직하게 앞으로 나아가는 것, 그것이 전문가에 이르는 길이다.'

　쌍둥이가 학교에서 배드민턴을 배울 때 나는 아이들을 기다리며 탁구를 배우고 있다. 탁구 교실에 처음 입학했을 때만 해도 가벼운 공과 라켓, 네트 위로 공만 상대편 테이블로 넘기면 되는 운동이니 뭐가 어렵겠나 생각하였다. 그러나 시간이 갈수록 결코 쉽지 않은 운동이라는 것을 알아가고 있다.

　몸동작은 선생님이 가르쳐주는 것과 반대로 움직여지기 일쑤이고, 이론과 달리 실제 자세와 실력이 쉽게 완성되지 않았다. 점점 짜증이 나고 속이 상했다. 때로 꾸지람도 들으니 기분까지 가라앉아 이것을 계속 배워야 하나 그만두어야 하나 낙심에 빠져있던 즈음에 받은 편지.

 배우기 시작한 지 얼마 되지 않아 웅덩이에 물이 채워지기는 커녕, 아직 고이지도 않았거늘 쌍둥이와 나는 빨리 큰 바다에 이르고 싶은 욕심으로 가득했던 것이다. 공부든, 운동이든, 학문이든 모든 일에는 순서가 있어 그에 따라 진보되는 법, 마디마디 어려운 과정을 거치지 않고서야 어찌 완성에 이를 수 있을까.

 흐르는 물처럼 차근차근 단계를 밟아가는 것, 그것이 참된 성취에 이르는 길이라는 '영과후진(盈科後進)'. 네 글자가 바라볼 낯이 없어 얼굴을 붉혔다. 부끄러운 모습을 들킨 것 같아 숨어 버리고 싶었다. 혼자 킥킥 웃었다. 매실 음료를 컵에 담고 얼음을 넣었다.

 "아들들! 이거 마셔! 주말부터 다시 해보자. 엄마도 더 열심히 해 볼게!"

내 마음을 주의 증거들에게 향하게 하시고 탐욕으로 향하지 말게 하소서
내 눈을 돌이켜 허탄한 것을 보지 말게 하시고
주의 길에서 나를 살아나게 하소서

(시편 119:36~37)

만남

/

"소장님! 안녕하세요? 오래간만에 인사드립니다.
제가 결혼이라는 것을 하게 되었습니다.
청첩장을 보내드리겠으니 주소 좀 가르쳐 주십시오
(굽신굽신)."

모닝콜이 울려 잠결에 휴대전화기를 집어 들었더니 몇 개의 메시지가 도착해 있었다. 밤새 무슨 일인가 싶어 졸린 눈으로 메시지를 확인하였더니. 이건 깜짝 놀랄만한 소식이었다.

잠이 확 달아났다. "헐! 모바일 초대장 나오면 링크 보내 줘!

언제야? 결혼식은 어디서? 여자 친구는 몇 살? 신혼살림은?" 궁금한 것이 많아 축하한다는 말도 못 한 채 답장을 보냈다. '이 녀석이 왜 이리 빨리 장가를 가는 거지? 아직 대학 졸업도 안 했는데! 우윳값은 누가 벌어?' (나의 상상력은 때로 대책 없이 집요하다)

"있잖아요. 우리 엄마는요, 하늘에서 천둥이 치고, 집으로 공룡이 들어와도 우리를 학원에 가라고 하실 거예요." 우산을 쓰고 눈물을 훔치며 빗속을 걸어가던 너는 일곱 살짜리 꼬마였어. 누나의 손을 잡고 걸어가면서 불가항력의 상황 설명을 위하여 천둥과 공룡을 들먹이며 다 하지 못한 항변을 나에게 쏟아내던 모습이란.

니는 **중**학교를 졸업하자마자 필리핀으로 유학을 하러 갔었잖아. 해외 유학을 보낼 형편이 안 된다는 사실을 너무나 잘 알고 있던 내가 보기에 어머니와 너의 결단은 큰 모험이었어. 새벽마다 기도했고, 타국에서 들려오는 소식에 일비일희(一悲一喜)했었지.

염려와는 달리 극한 어려움을 잘 이겨내고, 너는 우수한 성적으로 졸업, 영국과 미국에 있는 대학에 거뜬히 합격할 정도였지만, 무전(無錢)이 유죄(有罪)라. 꿈을 접고 한국으로 돌아와

모 국립대학교 영어영문학과에 합격하였을 때. 그날의 기쁨은 나의 일인 양 지금도 잊을 수가 없다.

견딜 수 없는 궁금증으로 혁이 어머니에게 전화를 걸었다.

"소장님! 우리 혁이가 이렇게 배신할지 몰랐습니다. 너무 놀랍고 어이가 없어요. 엄마, 나는 장가 늦게 갈 거예요. 졸업한 후 취직하면 어머니에게 용돈도 드리고, 분위기 근사한 레스토랑에 가서 맛있는 음식도 많이 사드릴게요. 그렇게 철석같이 약속하더니만, 용돈은커녕 저렇게 장가를 가겠다니. 충격 그 자체라니까요. 혁이 아빠랑 나는 아직 아무에게 말도 안 하고 있는데, 그놈은 뭐가 좋다고 소장님한테 벌써 문자를 보냈대요? 친구에게나 알리라고 했더니만. 그 녀석이 그렇게 철딱서니가 없다니까요. 공부도 남았고, 직장 생활로 돈도 모아야 방이라도 얻을 거 아닌가요? 믿었던 아들한테 된통 한 대 얻어맞은 기분입니다(웃음)."

혁이의 달콤한 약속은 어머니에게 아들 가르치는 어려움을 충분히 녹여낼 힘이 되었을 것이다. 우리의 약속은 때로 허망하다. 한편으로는 약속대로 모든 것이 성취된다면 그 또한 얼마나 어이없을까 싶기도 하다. 사람이 마음으로 자기의 길을 계획할지라도 걸음을 인도하시는 이가 따로 계심이 어찌 감사하지 아니한가.

"웃어야 하나, 울어야 하나. 어쩌겠어요, 얄미워도 내 아들인데 사랑으로 또 품어야죠. 걱정하지 말라고 오히려 우리 내외를 위로하고 있습니다. 유학 시절에 혁이는 고등학생, 며느리 될 여자 친구는 중학생일 때 처음 만났다고 하네요." 두 사람이 필리핀에서 다시 만난 것은 운명 같은 우연이었을까?

한국으로 돌아와 놀랍게도 대학에서 다시 인연(因緣)을 맺게 되었고 연인(戀人)이 되기까지의 과정을 들으니 놀랍고도 놀랍다. 우리는 어쩌면 매일매일 우연처럼 보이는 필연의 만남으로 살아가는 것이 아닐까. 보건진료소 앞에서 빗길을 걸으며 피아노 학원에 가던 너를 본 그날의 만남도 따로 약속은 없었지.

혁이기 역시 사람 보는 눈이 있구나. 어머니와 나에게 흐뭇한 확인을 시켜다오. 먼 필리핀까지 날아가게 하신 것, 그곳에 귀한 만남의 약속을 예비하신 이에게 감사. 나는 혁이와 그의 아내 될 여인의 결혼식장에 증인으로 참석할 것을 약속한다. 그날 첫눈까지 내려준다면 얼마나 좋을까.

"혁아, 결혼을 진심으로 축하해!"

많은 물도 이 사랑을 끄지 못하겠고
홍수라도 삼키지 못하나니
사람이 그의 온 가산을 다 주고
사랑과 바꾸려 할지라도 오히려 멸시를 받으리라
(아가서 8:7)

꽃들은
길을 묻지 않는다

"너는 촌구석에 있기 아까워. 어찌다 그곳으로 갔니? 도시로 나와라. 답답하지 않니? 언제까지 그러고 살 거야? 시골이 뭐가 좋니? 나와, 이것아!"

오래간만에 친구로부터 전화가 왔다. 쏟아지는 질문에 무엇부터 답을 해야 하나. "그러냐? 그런가? 그렇구나." 나는 어정쩡하게 선 채 대답했다. 그래, 그런데 말이지, 내가 지금 여기 있음에 대하여 고민해 본 적이 있기는 있었던가. 왜 여기에 있는지, 어쩌다 여기까지 오게 되었는지, 왜 더 넓은 세상으로 나가지 못하는 것인지.

모퉁이만 돌아가면 금례 할머니 집이다. 그곳에 갈 참이다. 보나마나 어르신은 집을 비웠을 것이다. 팔순이 넘은 홀로 지내는 분이 무엇을 하느라 날마다 바쁜지, 열 중 아홉 번은 빈 걸음으로 돌아서게 만드시는 분. 마루에 앉아 왕진 가방에서 혈압약을 꺼냈다. '날만 새면 앙을 거리는' 간절약(!)도 달라 하셨지. 정지문 앞 숫돌 그릇에 담긴 하늘이 파랗다. '안녕하세요? 진료소장입니다. 다녀갑니다. 다음에는 얼굴 좀 뵐게요.' 내 아무리 현란한 안부 글을 남긴다 한들, 할머니에게 검은 것은 글씨요, 하얀 것은 종이일 뿐. 그러나 두어 밤 지나면 옆집 김 씨가 할머니를 대신하여 연락을 줄 것이다.

"소장이 놓고 간 약은 잘 받았응게 염려 마시라네. 그라고 큰방 문 앞에 고구마 몇 개 푸대에 담아놨응게 다음에 올라오거든 꼭 챙겨가라시네!" 고맙다는 인사가 채 끝나기도 전에 김 씨는 수화기를 내릴 것이다.

뒷산 바람이 시원하다. 사람들은 보이지 않는다. 고요하다. 내 발걸음 소리가 스스로 인기척이고, 햇살이 저 혼자 바사지는 초가을 오후. 홀로 나선 출장길, 금례 할머니 삽작문 아래

봉숭아가 나를 본다.

접(겹)봉숭아라고 자랑하시더니, 네가 너로구나. 붉기도 하지. 무엇을 먹이고 마셔주었기에 이토록 건강하게 길러내셨단 말인가. 씨방을 뒤집어 말아가며 억울함을 호소하는 결백의 꽃이라더니. 톡!

"나를 건드리지 마세요." 나는 쪼그리고 앉아 너에게 말을 건넨다. "너는 이런 촌구석에 있기 아까워. 어쩌다 이곳으로 왔냐? 시골이 답답하지 않냐? 언제까지 이러고 살 거냐? 여가 머시가 좋냐? 이것아." 알아듣는지 못 알아 듣는지 꽃잎이 흔들린다.

봄이 오면 꽃이 핀다. 가을이면 단풍이 든다. 보건진료소를 찾아오는 사람들의 아픈 히소연을 듣는다. 듣고 또 듣는다. 그들에게 필요한 약을 준다. 이것은 산골간호사인 내가 할 수 있는 일이다. 누구라도 붙잡고 묻고 싶다. 당신이 말하는 '촌구석 밖의 내 모습'이 어떠해야 하는가. 그것을 나에게 가르쳐 줄 수 있는가. 길의 방향을 잡아 줄 수 있는가. 가르쳐다오. 생각을 나눠주오. 당신이 지지하는 길로 나서고 싶소.

"시골이 답답하지 않으세요?" 말없이 웃으며 창밖을 본다. '그러게요, 시골은 답답한가요? 나는 왜 답답한 산골을 벗어나

지 못하는 것일까요?'

집으로 돌아오는 골목길에 서서 울 밑을 보고 봉숭아에게 다시 물었다. '너 이런 촌에 있기 아까워. 더 큰 세상으로 나가. 언제까지 이러고 살 거니?' 꽃잎도 다시 흔들린다. 돌아서며 생각했다. '봉숭아에게 이 질문은 얼마나 어리석은가.'

대도시 대형병원에 근무한다고 해서 나의 능력이 백 배로 늘어나는 것이 아닐 것이다. 오십 평이 넘는 집에 산다고 해서 내 누울 자리가 다섯 평이 되는 것도 아닐 것이며, 아무리 신발이 많아도 내가 신을 수 있는 신발은 하나일 것이다. 아까운 그 무엇인가가 있을 자리, 그것은 도대체 무엇이란 말인가.

봉숭아에게 꽃이 가야 할 길을 제시할 수 없듯 당신도 나에게 내가 가는 길을 제시할 수 없을 것이다. 꽃들은 길을 묻지 않는다. 나에게 그런 질문은 하지 말아 주오. 봉숭아가 꽃인 채로 꽃으로 거기 있는 것처럼. 피고 지는 것으로 사명을 다하는 꽃처럼. 금례 씨가 그냥 그곳에 계신 것처럼.

며칠 후 어르신 집을 다시 갈 것이다. 아래채 큰방 문 앞 비료 부대에 담긴 고구마를 불끈 들어 가져올 것이다. 잘 챙겨왔노라고 저녁이면 전화를 할 것이다. 이곳을 떠나 따로 있어야 할 그 어느 자리는 지금 이곳이다. 더 넓은 세상은 그냥 이대로 한

송이 붉은 꽃이면 충분하다.

  손대면
  톡!
  터질지도 몰라.
  건드리지 마세…요.

새 계명을 너희에게 주노니
서로 사랑하라
내가 너희를 사랑한 것 같이
너희도 서로 사랑하라
(요한복음 13:34)

부끄러운 아픔

드레싱 교환을 위하여 가정 방문을 간다.

남편 한 씨는 아내의 처치를 마칠 때까지 옆에 앉아서 바라보신다. 업무를 마치면 굳이 음료수나 과일을 꺼내 주는 정겨운 노부부. 두 분 모두 팔순이 넘으셨고 거동이 불편하다. 그나마 일상생활이 가능한 남편이 누운 부인을 대신하여 부엌살림까지 맡아 하고 있다. 몇 번째 방문이었을까. 여느 날과 달리 보이던 어르신. 마당에 들어서면 왼편으로 작은 툇방이 있다. 한 씨는 문을 열어 놓은 채 누워계셨다. 상체가 알몸이었다. '어머나!' 흠칫하며 놀랐지만 못 본 체 고개를 돌렸다. '더워서 그러시나?'라고 생각했다.

다음날도 마찬가지였다. 아무렇지 않다는 듯 안방으로 들어가니 어르신도 따라 들어오셨다. 상처 소독에 필요한 거즈와 반창고 등 용품을 방바닥에 꺼내놓았다. 다친 부위를 열어 살피고, 설명해 드린 후 드레싱을 마무리하는 동안 옆에 앉아계신 한씨. 저고리의 열린 옷섶 사이로 훤히 드러난 어르신 앞가슴이 민망했다. 평소 모자에서 신발까지 깔끔하고 반듯한 당신이라는 것을 익히 알고 있기에 설핏 불안이 느껴졌다. '혹시 치매가 오는 것인가?' 가벼운 의심에 거했지만, 선뜻 언급은 하지 않았다.

일을 마치고 마루에 나앉았다. 운동화 끈을 묶는 척 허리 숙여 바라본 한 씨의 툇방. 반쯤 남은 막걸리병이 방바닥에 누워 있다. 다음날 다시 가정방문에 나섰다. 내가 온 것을 일부러 알리기라도 하듯 큰소리로 "안녕하세요?" 인기척을 냈다. 웃으며 반가이 나를 맞이할 분이신데 그날은 일어나지 않으신다. 무슨 일인가 싶어 열린 문턱 너머로 바라보니 반쯤 보이는 어르신의 알몸. 차라리 내가 더 부끄러워 외면하면서도 '이상하군!' 서늘

한 의구심이 들었다.

전동차를 타고 보건진료소 쪽으로 내려오는 한 씨의 모습이 보였다. 평소와 다른 복장으로 말이다. 문을 열고 들어서는 한 씨에게 가벼운 농(弄)을 섞었다. "아버님! 옷이 이게 뭡니까? 앞 가심 다 열어놓고, 말이죠. 멋지게 봐 드릴 근육도 없고 마는!", "허허허" 웃으시더니 물끄러미 바라보는 나에게 "소장! 뭐 하나 물어봄세. 몸살맨치로 으슬으슬 한축이 나다가, 욱신욱신 아프다가, 설설설 가렵다가, 씸벅씸벅 결리고 말이지. 움직이면 까시가 찌르는 것 같고, 옷만 스쳐도 찌릿찌릿한 것이, 참 나, 내 몸이 어쩌자고 대체 이러는 것인가?"

'몸살맨치로' 시작해서 '내 몸이 어쩌자고 이러는 것인가'에 이르는 동안 아뿔싸! 그걸 놓치다니! 그동안 경험되어진 농촌형(!) 질병들이 환기되었다. 여름과 가을 사이, 아침저녁 기온차, 강도 높은 추수기 농작업 등. 단순 몸살감기부터 감염성열성질환까지 여러 가능성을 동원하며 귀를 세웠거늘! 두 팔을 올리시라 한 후 어르신의 몸을 살폈다. 윗옷을 모가지까지 추어올리고 아래위로, 옆과 옆으로 시진(視診)을 계속했다.

한눈에 보아도 알 수 있게 들어온 그것. 신경 마디마디에 숨어 있다 면역력이 떨어지면 발병하는 그것. 화산처럼 들고 일어나 통증의 왕이라 불리는 바이러스성 질환 말이다. 왼쪽 아랫배에서 시작된 홍반과 구진은 허리를 돌아 옆구리로 퍼진 그것은 붉은병꽃나무처럼 진홍이었다. 손도장으로 짓이긴 것 같은 발진(發疹) 아래로 탱글탱글 수수알 같은 수포들, 몇몇 물집은 차오르고, 몇몇 농포(膿疱)는 터져서 머루 껍질처럼 말라 있었다. 올렸던 옷을 내리덮는 내 손이 가벼이 떨려왔다. '흐트러진 복장은 이것 때문이었구나. 가슴을 풀어헤친 이유도 이것이었구나.'

  그동안 나의 어리석고도 불순(不純)한 침묵과 참견들이 못된 짓을 하다 들킨 것마냥 빨갛게 달아올랐다. 누웠던 어르신이 일어나기도 귀찮다는 듯, 젖은 무게감으로 힘들어할 때, 평소와 다른 일그러진 표정이었을 때, 나는 어르신에게 한 발 더 다가갔어야 했다. 겉으로 드러난 징후를 인지하고 겉으로 드러나지 않은 본질을 파악했어야 했을 것이다. 그래서 달라진 행동과 범상치 않은 옷매무시 뒤에 가려진 아픔을 발견했어야 했다.

  부족한 자질에 대한 수치를 감춘다랄까, 간호사로서 미안함이랄까, 예민하게 살피지 못한 죄송함을 방어하려고 하는 과장된 내가 보였다. 대상포진 증상과 후유증, 보건진료소에는 다스릴 약이 없으니 병원으로 가야 하는 이유 등 쉬운 결론을 긴 설명으로 늘어놓는 모습까지 보였다. 진료의뢰서 아래 칸에 "부디 원장님의 선처를 바란다."라는 추신을 눌러 적었다.

  보건진료소 마당에 서서 골목길로 접어드는 한 씨에게 "찬바람 쐬지 마시고요, 술은…아아…아닙니다, 병원에 잘 다녀오세요!"라고 외쳤다. '진즉에 알았더라면 덜 고생하셨을 텐데' 부끄러운 나의 염치는 뒤로 가린 채.

답장

국립보건연구원에 근무하는 모 박사님으로부터 카카오톡으로 메시지가 날아왔다.

"박 소장님! 좋은 아침입니다. 인사혁신처에서 교육받고 있는 중입니다. 이 메시지를 보고 박 소장님이 평소 생각하고 있는 저에 대한 '강점'을 보내주십시오. 필요하니 간략하게 적어서 보내주시면 됩니다. 가능한 빠른 답장 부탁드립니다."

몇 사람의 상담 진료가 끝나고 진료기록부를 입력하는 중이었다. '강점, 아주 많지요.' 생각하다가 막상 글로 쓰려니 쉽지 않다. 어떻게 표현하면 좋을까. 갑작스럽고 다소 엉뚱한 상황인 데다가 가능한 빨리 답장을 보내라는 부탁에 조마조마하여 두서없이 생각나는 대로 적어 내려갔다.

"박사님! 미처 생각할 겨를도 없이 아침부터 무슨 일인가요? 흠… 박사님은 온화함 속에 냉철함을 겸비한 사람. 두뇌가 명석하여 상황 판단이 빠르고 민첩하심."

"유머 감각이 뛰어나 많은 웃음을 줌. 때와 장소와 대상자에게 알맞게 눈높이를 맞추어 대화함. 꾸준한 운동을 하니 몸매가 좋아 무슨 옷을 입어도 아주 잘 어울리심. 시간 관리를 잘하시는 멋진 프로. 도움이 되었으면 좋겠습니다. 아! 한 가지 더 있습니다. 노래를 잘 불러서 모임의 분위기를 주도하고 사람들을 즐겁게 해줌."

엔터키를 눌렀다. 이십여 분쯤 지났을까. 다시 메시지가 날아왔다.

"박 소장님! 유능한 강사님으로부터 〈코칭으로 리드하라〉는 제목으로 강의 듣는 중입니다. 강사의 소개가 끝나고 그분은 교육생들에게 말씀하셨습니다."

"당신이 알고 있는 사람 중에서 중요하다고 생각되는 사람 일곱 명을 선택하십시오. 그리고 그 사람들에게 '나의 강점이 무엇인지 적어서 보내주십시오'라는 메시지를 보내십시오. 답장을 보내오는 사람이 있다면 오늘 강의를 통하여 그 사람이야말로 당신 곁에서 정말 소중한 사람이라는 것을 알게 될 것입니다." 휴대폰에 저장되어 있는 전화번호부를 열고 한참 고민하였습니다. 이름을 살펴가며 중요한 사람이라고 생각되는 일곱 명을 선택하였습니다. 수백 명이 저장된 전화번호부에서 일부를 선택해야 하는 일은 매우 곤란한 일이었습니다. 게다가 메시지를 보내 놓고 답장을 기다리는 몇 분 아니, 몇 초가 이렇게 길게 느껴진 적은 없었습니다. 몇몇으로부터 회답이 왔습니다. 답장을 보내준 사람들은 중요함을 너머 소중한 사람들이라는 것을 강의를 통하여 알게 되었습니다. 다음에 만나면 따뜻한 커피 한 잔 마시며 설명드리도록 하겠습니다. 고맙습니다."

그런 강의를 받고 있다는 것을 처음부터 알고 있었더라면 더 자세히 써서 답장을 드릴 걸 그랬다는 얼마의 후회가 밀려왔다. 막연한 생각에 머물 뿐 당신의 강점은 이것이라며 표현하는 일은 생각처럼 쉽지 않은 일이라는 것을 알게 되었다. 다른 사람의 강점을 발견하고 강점을 세워주는 일은 생활 속에서 흔히 경험되는 일이 아닐 것이다.

우리는 누구나 강점과 약점을 가지고 있다. 삶은 연습 시간이 따로 없다. 날마다 생방송이다. 돌이킬 수 없다는 것을 안다면 사소한 말 한마디도 가볍게 할 수 없다는 것을 느꼈다. 상대에게 용기를 주고 힘이 되어줄 수 있는 약(藥)이 되는 말의 습관도 훈련의 결과임이 새삼스럽게 다가왔다. 지금 바로 중요한 사람 일곱 명을 떠올릴 수 있는가. 나의 강점에 대하여 이야기해달라고 부탁한다면 망설임 없이 답장을 보내오는 소중한 사람이 있는가.

우리는 누군가에게 중요한 사람이고 소중한 사람이다. 더 자세히 써서 보낼 걸 그랬다는 후회 속으로 앞으로는 만나는 사람들을 따뜻하게 배려해야겠다는 다짐이 들어왔다. 작은 일보다 중요한 것은 없다. 큰 일도 결국은 작은 일로부터 시작되기에 말이다. 전화번호부를 열어본다. 언젠가 일곱 명에게 나의 강점에 대하여 이야기해 달라고 메시지를 보내고 난 뒤 '당신은 사소한 일에도 최선을 다하는 소중한 사람'이라는 답장을 잇따라 받을 수 있었으면.

지혜 있는 자의 혀는 지식을 선히 베풀고
미련한 자의 입은 미련한 것을 쏟느니라
(잠언 15:2)

그럼에도 불구하고

트로키니코틴엘로렌즈,
민트향니코프리,
아로마파이프.

이쯤되면 무엇을 이름인지 경험(?) 있는 사람이라면 금방 알아차릴 것이다. 벙거지 모자를 눌러쓴 김 씨가 보건진료소에 오셨다. 대기실에서 말없이 순서를 기다리던 그가 머뭇거리며 진료실로 들어섰다. 수년간 유지해온 금연이 무너져, 흡연을 시작한 지 6개월이 지났는데 다시 금연을 결심하였다는 것이다.

결심이 무너진 이유를 듣는다. 웃어야 하나 울어야 하나.

"여름이었어요. 내 앞에 우산을 쓰고 걸어가는 사람이 있었죠. 담배를 피우며 가더라고요. 뒤따라 걷는데 우산 밖으로 자욱한 담배 연기가 흘러나왔습니다. 그 냄새가 말이죠, 아주 죽이더라고요. 소장님은 담배를 안 피우니 제 심정을 모를 겁니다. 옥상에 올라가서 딱 한 개비만! 딱 한 개비만! 그랬다가 그만."

몹시 배가 고픈 어느 날, 빵 굽는 가게 앞을 지날 때의 구수함 같았을까. 창문 너머 골목길로 번져가는 갓 볶은 커피 향 같았을까. 나는 여읍여소(如泣如笑)의 심정으로 김 씨의 얼굴을 바라보며 상담을 시작하였다. 개인정보처리 동의서에 서명을 받은 후 이름과 주소, 전화번호와 금연지지자, 혈압과 질병력, 음주와 운동 여부, 과거 금연 시도 여부와 금연 실패 이유 등을 기록하였다.

하루 중 가장 흡연을 참기 힘든 시기는 언제인가, 금연 동기와 자신감, 준비 정도는 10점 만점에 몇 점인가를 묻는 흡연자 평가와 하루에 몇 개비 피우는가, 아침에 일어나 얼마 만에 첫 담배를 피우는가, 금연구역에서 흡연 욕구를 참기 어려운가, 하루 중 담배 맛이 가장 좋은 때는 언제인가를 묻는 니코틴 의

존도 평가 등 모든 항목의 답변도 기록하였다.

  김 씨에게 금연보조제를 처방하면서 성공을 위한 격려를 약속하였다. 금단증상이 생길 경우 망설이지 말고 이야기하라고 권하면서 그를 안아드렸다. 김 씨는 현재 석 달째 금연을 이어가고 있다. 다이어트, 금연, 가족과 함께 시간 보내기 등. 우리가 새해를 맞이하면 흔히 다짐하고 결심하는 약속들이다.

  미국에 있는 어느 대학에서 조사했다는 새해 결심 통계(New Years Resolution Statistics)를 보아도 별로 다를 것이 없는 약속의 순위를 뒷받침한다. 새해가 되면 47%의 사람들은 배움과 자기 계발, 38%는 건강과 관련된 결심을 한다고 한다. 흥미로운 것은 새해 첫 계획이고 다짐이니 모든 사람이 이루고 싶어하는 것일진대 8%의 사람만이 결심을 성공적으로 이어간다는 것이다.

  작심삼일(作心三日)이라는 오래된 성어(成語)도 이를 뒷받침한다. 오랫동안 반복되어 굳어진 습관을 고친다는 것은 '새해'라는 변수로도 넘을 수 없는 난공불락(難攻不落)의 성채(城砦)일까. 결국 자신을 합리화시키며 삼일 전의 습관으로 돌아가 버리기 일쑤이니, 작심삼일을 백 번 하면 일 년이라는 무한 긍정의 격려가 때로 무색하다. 그럼에도 불구하고 아예 결심조차

하지 않는 사람보다 결심하고 다짐하는 사람이 자신의 목표를 이룰 확률이 높다는 결과는 큰 위로를 준다.

고추바삭순살, 허니커리통날개치킨, 리얼바비큐, 체다치즈 불고기피자. 여기 산골에서는 주문할 수도 없고, 시내로 나가기에는 너무 먼 것이 감사하다. 늘었다 줄었다, 나의 몸무게는 수년째 제자리이다. 더도 말고 덜도 말고 딱 3kg만 줄었으면 좋으련만!

올해는 목표를 이루겠노라고 다짐하였고 작심삼월 중이다. 봄이 다가온다. 밤이 깊었다. 불현듯 김 씨 생각이 난다. 치킨도 피자도 아니요, 저녁에 먹다 남은 저기 저 된장국에 새콤한 김장김치 쫑쫑 썰어서, 그 위에 참기름 한 방울! 쓱쓱 비벼서 뚝딱 한번만, 진짜 딱 한 숟가락만, 먹으면 안 될까요? 네?

모든 지킬 만한 것 중에
더욱
네 마음을 지키라
생명의 근원이
이에서 남이니라
(잠언 4:23)

수풀 속에서

"소장님! 진료소에 계신가요?
치료 좀 받으러 갈까 합니다."

(카톡) "근무합니다. 무슨 일이신가요?" 아랫마을 김 씨였다. 잠시 후 사진 석 장이 따라왔다. 손과 팔, 다리를 담은 사진이었다. 확대하여 피부를 살펴보았다. 손등에는 작은 물집이 여럿 모여 부어 있고, 팔과 다리에는 배롱나무꽃문양 발진이 퍼져있었다. '또 풀 베기 작업 하셨구나.' 생각하며 휴대폰을 가운데 집어넣었다. 김 씨는 몇 년 남지 않은 정년을 뒤로하고 최

근 무주로 귀농하셨다. 이사 오기 전 묵밭을 일궈 사과나무를 심었고, 밭 주위에는 호두나무를 심으셨다. 주말이나 휴일이면 무주에 내려와 어린나무를 돌본 후 대전으로 돌아가기를 수년 차, 정착하기까지 꽤 오랜 시간이 걸렸다.

잡초와 전쟁을 치르고 나면 어김없는 '접촉성피부염'이 김 씨를 괴롭혔다. 그때마다 보건진료소에 오셨다. 발진과 가려움, 때로 통증과 진물을 동반하는 증상을 보노라면 내 정수리도 근질근질해지는 기분이다. 벌과 곤충도 예외는 아니지만, 김 씨를 유독 괴롭히는 잡초 중에 가시박이 있다. 내버려 두면 나무 끝까지 타고 올라가 휘감아버리는 풀이다. 본격적인 농사가 시작되면 피부에 닿거나 먹어서 생기는 알레르기성 피부염으로 많은 분이 보건진료소에 오신다. 옻나무 순, 기죽순, 두릅 순이나 산약초 등 원인은 말 그대로 오만가지다.

그들은 인간에게 받은 공격에 반격이라도 하듯 예민한 피부를 성나게 만든다. 보호 장구를 착용했어도 모자를 벗거나 옷의 앞자락을 열거나 장화를 벗으면 드러나는 발진들. 붉은 모래알이 흩뿌려진 상황은 애처롭기도 하다. 들판에 무성한 초록은 식물이 아니라 어쩌면 무서운 녹색 동물 같다는 생각마저 든다. 며칠 지나면 제초작업을 비웃기라도 하듯 빠르고 무성하게 자라나는 잡초들, 나무에 긁혀 생채기가 나고, 풀이 스친 피부는 줄자국이 남기도 한다. 농작물이 만드는 달콤함과 고소함을 얻기 위해 통과해야 하는 의례처럼.

주사 놓고 돌아서서 포장기에 약을 담는데 김 씨는 "나무 앞에 서면 무슨 생각이 드는지 아세요?"라고 물었다. 궁금하여 바라보는 나에게 "아무 생각도 안 납니다." 하신다. 뭔가 근사한 답을 기대했는데 아무 생각이 안 난다니, "싱겁네요!" 하며 웃고 말았다. 잠시 후 당신이 시골에 뿌리를 내리게 된 것은 하늘이 주신 축복이라며 엄지를 치켜세우셨다.

어설픈 초보 농부 시절이 지나고, 이제는 나무와 소통하는 사람이 되었다고 하셨다. 게다가 풀벌레와 감정까지 나누신다니 동화 같은 말씀에 귀를 모았다. "주말에 내려오면 말입니다, 과수원 나무들은 일주일간 일어났던 일을 모두 알려줍니다. 저를 끌어당기면서 말이죠. 주인님! 여기 좀 봐 주세요! 벌레가 물었어요, 저기도 물었어요. 넝쿨손이 모가지를 감았어요. 너무 힘들어요. 빨리 뜯어주세요. 이파리들이 흔드는 모습을 보면 시끄러운 유치원 교실 같다니까요? (하하하) 날마다 땀이 아니라 다이돌핀에 흠뻑 젖어요. 이만한 행복이 어디 있겠습니까?"

나무가 자라면서 주말에만 돌보기엔 힘에 부쳐 직장을 포기해야 하나, 농사를 포기해야 하나 갈림길에 섰다는 김 씨. 홀로 밭에 나와 거닐던 날, 나무에게 물었다고 했다. "나무야 나무야, 나는 어떻게 하면 좋으냐?" "주인님! 걱정하지 마세요, 저희가 있잖아요. 우리를 믿으세요!" 나는 소름이 돋았다. 무주로 오기를 결심했을 때 나무들이 춤추며 환대하더라는 이야기, 풀 베고 돌아서면 나무들이 춤추며 환송하더라는 이야기에 말이다.

보건진료소 문을 닫고 밭으로 걸어가는 김 씨. 나는 그의 뒷모습이 사라지고 나서도 한참이나 창가에 서 있었다. 풀나무들의 정령(精靈)과 교감한다는 김 씨, 모기나 벌레에 물리는 것쯤 시골 살이에 당연한 일 아니냐고 되묻던 김 씨. 진정 자연의 소리를 마음으로 받아 가슴으로 쓰는 시인(詩人)이 아니런가.

며칠 후 메시지를 전했다. "안녕하세요? 피부는 좋아지셨나요? 사과도 호두도 많이 자랐겠지요?" (카톡) 올가을, 김 씨네 사과는 지난해보다 달콤할 것이다. 호두도 아이 주먹보다 더 크게 여물 것이다. 보나 마나.

창세로부터 그의 보이지 아니하는 것들
곧 그의 영원하신 능력과 신성이
그가 만드신 만물에 분명히 보여 알려졌나니
(로마서 1:20)

이웃

"정구시부침개를 꾸써요.
서너 장 들고 옆집 할매 집으로 갔지.
먹는디 그짝 핸드폰이 울리더라고요.

이런다 저런다 통화내용 듣자니께, (작은 목소리로) 엄마! 옆에 있는 사람 누구예요? 화면으로는 모르겠네! 그러더라고요. 잘 안 들리는 분이라서 내가 전화기를 달라고 해서는, 야야, 잘 있냐? 나여 나. 옆집 맹우즈마, 모르냐? 화면이라니 그건 무신 말이냐고 물었죠. 씨씨테레빙가 뭣인가 그것을 핸드폰으로 봄시나 얘기하는 거라 하더라고요. 아니, 서울 사는 사람이 손바닥으로 즈그 집을 훤히 본다니, 참말로 귀신 곡할 세상 아닌가요? 한참을 놀다가 집으로 오는디, 무슨 생각이 드냐면 아무 잘못한 것도 없는디 괜히 의심받는 기분이 들더만요. 이제는 내가 안 가도 그 집 씨씨테레비가 잘 보살피것죠. 아프면 따신 물 끓여 드리고, 죽 끓여 드렸는디 그 짓도 그만해야것다, 그런 생각이 들더라고요. 기분이 별로 안 좋드만요. 무서워서 어디 살 것습니까? 허허허"

강 씨 이야기이다. 며칠 전 보건진료소에 부침개를 갖고 오셨다. "어머나! 옆집 할머니랑 나눠 드시잖고요?" "안 간당께! 얼마 안 돼요, 출출할 때 잡숴봐요!" 마지못해 받아든 손 안으로 따뜻함이 전해졌다. 그런데 왠지 기분은 따숩지 않다. 그날 오후였다. 고추 모종 했더니 허리가 아프다며 김 씨가 오셨다. 병원 가서 물리치료도 받고 몸 좀 아끼시라 권했다. '바쁜 농사꾼 속도 모린다'는 눈초리로 나를 쏘아보신다. 주삿바늘을 뽑고 알코올 솜으로 엉덩이를 문지르는데 벨이 울렸다. "엄마! 어디세요? (전화 밖으로 넘치는 소리)" "허리 아파서 진료소 좀 왔다. 왜 그러냐?" "안 보여서 어디 가셨나 했어요." "별일 없다. 끊자! (퍽) 호랭이 물어갈 것들이 시도 없이 전화질을 해싸서

구차나 죽겟당게요. 씨씨테레빙가 뭔가 설치하더니 이런당께."
"자주 전화 오니까 얼마나 좋으세요?" 그런데 김 씨는 "그렇지 않다."며 두 손을 저으셨다.

　교통량 측정, 신호위반이나 과속 단속, 범죄 단속은 물론, 농산물 도난 예방이라는 목적으로 동네 입구에 설치된 CCTV는 일상 속 풍경이다. 최근 우리 마을에서는 안방이나 주방까지 설치하는 유행이 번지고 있다. 일어서다 푹 주저앉더니 고관절골절로 입원, 갑자기 돌아가신 아버지 빈자리에, 암으로 투병하다 돌아가신 아버지 빈자리에, 그것이 들어오고 있다. 장례식 마치고 얼마간 시간이 지나면 고향집과 홀로 남은 어머니를 '실시간'으로 보살피겠다고 자녀들은 합심한다. 서울에서 부산에시, 회사나 집에서 CCTV 애플리케이션으로 영상 속 어머니를 살피고 안부를 나누는 것이다.

　진료실에서는 불필요한 전화로 바쁜 어머니 발목 잡는 번거로움을 심심찮게 목격한다. 대기실에 모인 어르신들은 편리보다 불편을 호소하지만, 자식들이 결정한 일이라 거절할 수 없다고 덧붙이신다. 만일 내가 그 상황이라면 어떻게 할까를 생각한다. 스마트폰 속에서 일상이 노출된다면 말이다. 아무리 선한 뜻이라도 매우 유쾌하지는 않을 것 같다. 빨래만 널어도

"엄마! 빨래 널었네?" 그야말로 '귀신 곡할 안부'라지만, 씁쓸함이 묻어나는 건 왜 일까. 선명한 해상도가 하늘거리는 거미줄까지 붙잡는다지만, 영민(靈敏)한 이기(利器)가 천 리 밖에서도 옆지기 마냥 움직임을 본다지만, 어머니 옷 갈아입는 장면까지 들여다본다니 내 얼굴이 붉어진다. 알몸이 드러나고 있다는 사실을 깨닫고 깜짝 놀라 옷을 들고 화장실로 쫓아갔다는 김 씨. '신 짐치에 상추 된장만 먹어도 맘 편했는디, 고기반찬에 밥을 먹어도 왠지 불편시럽다'는 속마음은 왜 전송되지 못할까.

 '반찬이 그게 뭐냐'는 얄궂은 핀잔에 '그렇다고 즈들이 건건이를 부칠 것도 아님시나 지랄이냐'는 속내를 자녀들은 알랑가 모르겠다. 기계가 새 이웃이 된 요즘, 맹우지마는 점점 멀어진다. 감시자는 진화한다. 그것이 어머니를 잘 살피니 부침개는 담을 넘지 않는다. 지켜만 볼 뿐이다. 부침개 한 장 못 만드는 저 감시자. 물 한 잔 건네지도 못하는 저 감시자. 어머니가 마당에서만 안방에서만 쓰러지라는 법 있나? 논밭에서 길에서 쓰러졌을 때 누가 먼저 달려올까? 늙어가는 고향, 늘어나는 독거노인. 어머니에게 필요한 것은 울타리 길 걸어오는 맹우즈마, 이웃 발소리 아닐까.

날마다 마음을 같이하여
성전에 모이기를 힘쓰고
집에서 떡을 떼며
기쁨과 순전한 마음으로 음식을 먹고
(사도행전 2:46)

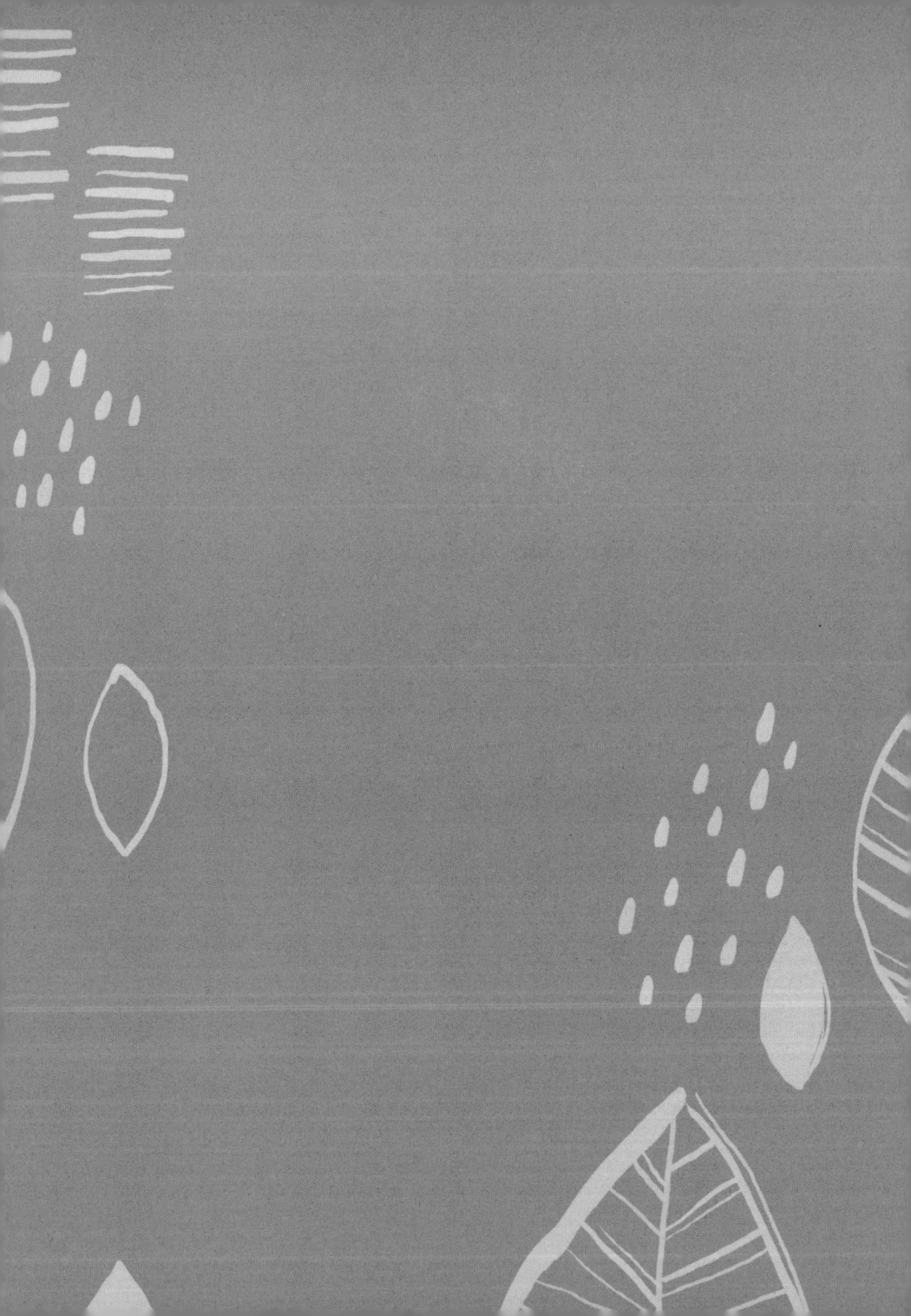

그 어디나 하늘나라, 가을

가족사진
소원을 위하여
잔소리 풍경
알아들을 나이
가을이 오면
노랑 별곡
당신은 어디에
따로 또 같이
늦게 피는 꽃

가족사진

"여보! 이것 좀 당신이 잘 보관해주시오."

하며 남편이 봉투를 내밀었다. 겉봉을 열어 내용물을 살펴보니 몇 장의 사진이었다. 아버님의 장례식을 치르고 유품을 정리하다가 발견한 것들이라고 했다. 흑백사진들이 세월의 바람에 누렇게 변해있다. 그중에 눈에 띄는 한 장이 있었으니, 지금의 남편이 아홉 살이었을 때에 찍었다는 가족사진이다.

앞줄 왼쪽 끝으로 아버님이, 그 옆에는 눈이 큰 시누이가, 오른쪽 끝에는 어머님이 앉아계신다. 뒷줄에는 시아주버님이 의젓한 자세로 서 있고 그 옆으로 바싹 긴장한 동생, 그리고 어린 모습의 남편이 서 있다. 아버님은 검은색 양복에 머리에는 포머드를 발랐는지, 빗이 지나간 길이 그대로 드러난 멋진 스타일이다. 단정한 한복 차림의 어머님도 다소곳하다.

이제는 고인(故人)이 되신 아버님과 무릎 인공관절 삽입시술을 받은 산수(傘壽)의 어머님이 사진 속에 담겨있다. 온 가족이 모여 있다. 나는 나의 어린 시절을 추억할 수 있는 이런 가족사진을 갖고 있지 못하다. 가정 형편이 사진관에 갈 엄두는 내지도 못 할 만큼 가난했거니와, 부모님께서는 이러한 사진을 생각지도 못하셨을 것이다(생각은 하셨을 지도!).

십여 년 전의 일이 떠올랐다. 두 딸의 백일과 첫 돌을 차례로 지내면서 주말부부인 탓에 제대로 된 기념사진을 찍지 못하였다. 그 후 쌍둥이가 태어나고 아이들의 백일과 첫 돌에는 꼭 사진관에 가서 기념하리라 마음먹었었다. 두 아이를 품에 안고 온 가족이 모여 사진을 찍는다는 것, 나에게는 생각만으로도 행복 그 자체였다. 그런데 첫돌 즈음에 쌍둥이가 수두를 앓았다.

고열에 시달리고, 울고 보채는 쌍둥이를 번갈아 돌보기에도 힘에 겨웠고 생활에 묻혀 가족사진은 점점 잊혀 갔다. 그렇게 시간을 놓치고 말았다. 두 돌이 되어서야 사진관에 다시 갔다. 남편과 두 딸들은 삼각대 세워 놓고 마당에서 함께 찍으면 되지, 굳이 사진관까지 가야 하느냐며 투덜거렸지만 나는 부득불 고집을 부렸다.

하나, 둘, 셋, 촬영이 시작되었다. 아마도 백 장은 족히 넘게 찍었을 것이다. 십 년이 훨씬 지난 지금 우리 집 거실에 걸려 있는 가족사진이 그날의 결과이다. 그 후에도 나는 큰딸이 중학교에 입학하면 교복 입고, 고등학교에 입학하면 교복 입고, 대학에 입학하면 꼭 다시 찍어야지라고 생각했었지만 결심에 그치고 말았다. 아이들이 자라면서 생활이 커지니 가족 모두 카메라 앞에 모이는 것이 생각처럼 쉽지 않았기 때문이다.

남편이 건네준 오래된 가족사진 속 아버님과 어머님이 아들과 딸을 데리고 사진관으로 들어서는 모습을 상상한다. 거울을 보며 옷과 머리를 손질하시는 모습도 상상한다. 고개를 왼쪽으로 조금, 혹은 오른쪽으로, 턱을 앞으로, 혹은 옆으로 살짝 돌리라는 사진가의 주문도 있었을 것이다. 정지된 시간 사이로 따스한 가족 영화의 한 장면이 스쳐가는 듯하다.

아홉 살 소년이 반백의 중년(中年)이 되는 사이, 이전에 없던 디지털카메라가 등장하였다. 누구에게나 사진 찍는 일이 쉬운 일상이 되었다. 사진은 날마다 봇물처럼 쏟아진다. 삭제 단추 하나로 파일들이 휴지통으로 날아가는 것을 볼 때면 추억까지 사라지는 것 같아 안타깝기도 하다. 아무리 많은 사진을 찍는다 하여도 가족사진을 어찌 일상의 사진에 비할까.

'날마다 만나고 부대끼며 사는데 가족사진은 무슨!'이라고 말하지 말자. 쌍둥이가 중학생이 되었으니 졸업하기 전에, 교복을 벗기 전에 실천에 옮겨야겠다. 낡은 사진 속에 계신 아버님이 말씀하시는 것 같다. 아가야. 바쁘겠지만 시간 좀 내거라. 다음 주말에 예약하는 것은 어떻겠냐. 오랜 세월이 지났어도, 어느 날 언뜻 지갑에서 꺼내어 보았을 때에 미소 지을 수 있는, 힘을 얻을 수 있는, 한 장을 위하여, 아, 그런데 그날이 언제일까.

소원을 위하여

"항암 치료만 마치면 소원이 없겠어."

"그렇구나. 그래도 큰아들이 대학에 합격했으니 힘내! 대학을 졸업해도 취업이 어렵다고 하니 걱정이야. 나는 우리 아들이 직업군인이 되었으면 좋겠는데 이번 시험에 또 떨어져서 마음이 아파."

"그랬구나. 정말 속상하겠다. 기회가 또 있으니 준비하면 되잖아. 나는 말이지, 남편이 예전처럼 달리지는 못해도 걷기만 해도 좋겠어. 도순이 너는 걱정 없지?"

오래간만에 친구들과 점심을 함께 하였다. 냉면을 먹은 후 근처에 있는 찻집에서 주고받은 이야기이다. 위(胃) 반을 절제하는 수술을 받은 친구는 항암 치료를 잘 마치는 것이 소원이라고 말했다. 서너 숟가락만 먹으면 수저를 놓아야 하는 친구이다. 가끔 '덤핑증후군'으로 힘들어서 벽에 기대거나 바닥에 눕기도 하는 그녀에게 많이 먹으라고 권하는 인사말은 무색하다.

옆에 앉은 친구의 아들은 대학 졸업 후 입대하였다. 그녀는 아들이 직업 군인이 되기를 소원하고 있다. 그 옆에 앉은 또 다른 친구의 이야기는 남편의 건강이다. 안개 짙은 새벽, 그녀의 남편은 사과밭에 다녀오는 길이었다. 차가 고장을 일으켜 낭떠러지로 굴러떨어졌다. 트럭은 폐차되었고, 친구의 남편은 큰 부상으로 응급 수술을 받았다. 현재 열심히 재활 치료 중이다.

남편을 간호하느라 병상을 지킨 친구는 남편이 달리지는 못해도 침대에서 일어나 예전처럼 두 발로 걸었으면 좋겠다는 것이 소원이다. 예상치 못한 사고로 인하여 부부에게 많은 인내를 요구하는 시간이 흘러갔다. 귀농하여 농업대학에서 공부하고, 자신의 블로그에 농업일지를 기록하는 등 어엿한 농부로 성장하는 중이었다. 부부의 밭에는 블루베리가, 미니사과 나무가 자라고 있다.

직장도 있고 남편도 아이들도 건강하니 도순이 너는 무슨 걱정이 있겠느냐며 친구들이 나를 바라본다. 다들 무슨 대답이 나올까 은근히 기대하는 눈빛이다.

"친구들아! 나는 아무 걱정 없다. 잊을만하면 너희들이 이렇게 무주까지 와주니 고맙고, 맛있는 음식을 함께 나눌 수 있어 즐겁고, 차를 마시며 그동안 밀린 수다도 마음껏 펼칠 수 있으니 얼마나 고마운지 모르겠다."

작년에 만났을 때, 우리의 소원은 다음과 같았다. "큰아들이 삼수(三修)하잖아. 올해는 꼭 합격하면 소원이 없겠어." "요즘 사진을 배우고 있어. 멋진 작품 사진 좀 찍어봤으면 소원이 없겠어." "나는 요즘 인터넷에서 피는 도자기가 눈에 들어온나. 갖고 싶은 그릇들 좀 실컷 사봤으면 좋겠어." 친구들의 이야기를 들으며 소원이 충족되면 우리는 과연 행복할까를 생각하였다.

바라는 것이 있다는 것은 우리가 살아있고, 우리의 삶은 매일 변하고 있다는 증거일 것이다. 쌍둥이 아들의 아토피피부염이 완치되지 않았다. 수시로 등을 긁어줘야 하고, 여름이면 더욱 괴로워하는 아이들을 바라보는 일은 나를 더욱 괴롭게 만든다. 바쁘다는 이유로 제대로 아이들을 돌보지 못한 참회(懺悔)의 회초리를 맞고 싶은, 어미로서의 미안한 속마음을 친구들은 알까. 건강을 방해하는 아픔, 자녀의 진로를 방해하는 시험, 가족의 일상을 뒤바꾼 사고 등. 나의 능력으로는 도무지 어찌할 수 없는 시련은 분명 괴로운 일이다.

 채워진 소원의 그릇들을 헤아리기보다 아직 채워지지 않은 그릇을 더 크게 욕망하는 일을 자제하자고 다독인다. 시련 속에 숨은 뜻을 헤아려 보자고 나와 친구들에게 격려를 건넨다. 어쩌면 우리의 삶을 한 단계 더 성숙하게 여물게 하는 열매가 삶 속에 숨어 있을 것이다. 그것이야말로 그분이 허락하신 행복의 필요조건일 것이다.

비록 무화과나무가 무성하지 못하며
포도나무에 열매가 없으며
감람나무에 소출이 없으며
밭에 먹을 것이 없으며
우리에 양이 없으며
외양간에 소가 없을지라도

(하박국 3:17)

잔소리 풍경

"여보! 제발 양말 솜 바로 해서 벗어놓아욧!…"

"…또 한 짝이 뒤집혔구먼! 그리고 말이야, 바지를 세탁바구니 안에 담아 주면 안 될까요? 또 한 쪽 다리만 걸쳐두었잖아. 아우 속상해! 좋은 습관은 아닌 것 같아. 유치원을 안 다닌 탓인가?"

(궁시렁궁시렁)

신혼 초에는(뭐든 좋았으니) 그랬다 치고. 으흠! 오십이 넘은 중년의 남편에게 다니지도 않은 그의 유치원 경력까지 들먹거리며 잔소리를 쏟아놓았다.

　며칠 후에 식사하면서 정중하게 부탁하였다. 그런데 뜻밖에도 생각지 못한 대답이 돌아왔다. "나는 말이지, 양말이나 바지가 뒤집혀 있어도 불편하지 않아. 벗어놓은 채로 세탁하고 그대로 넣어도 잔소리 안 할 테니까 걱정하지 마." 양말을 신거나 바지를 입을 때 입는 사람이 바로잡으면 그만이라, 남편은 전혀 불편하지 않다고 말하였다. 그러면서 바르게 벗어놓아야 한다고 생각하는 나의 성격이 문제라는 지적을 덧붙였다.

　그의 습관이 잘못이 아니라고 말했다. "어머! 그래요? 다음부터는 벗어 놓은 그대로 세탁하고, 뒤집혀 있는 그대로 정리할 테니 그리 아세요!" 볼멘소리로 대꾸하고는 자리에서 일어섰다. 어이가 없었지만 한편으로는 '그동안 적지 않은 잔소리를 하였구나'라는 미안한 생각이 들기도 하였다. 그 후 남편이 말한 대로 뒤집힌 양말을 그대로 세탁하였다. 건조대에 널고는 방으로 들어왔다. 그런데 이상도 하지, 십 분도 채 안 되어 바로잡고 싶어 안달이 났다.

　'안 돼! 참자, 참아보자. 더 참아보자.' 눈을 감았다. 얼마 후 마른 양말과 마주했다. 뒤집어서 바로잡아 갤까, 벗어 놓은 그

비판하는 그 비판으로 너희가 비판을 받을 것이요
헤아리는 그 헤아림으로 너희가 헤아림을 받을 것이니라
(마태복음 7:2)

알아들을 나이

"글쎄요, 숫자로 딱 잘라 선을 그시기는 참 어렵제. 한 살 한 살 먹어 보면 알게 되는 것인디."

"칠십이 되어도 안 되는 사람은 안 되거든. 그릇에 물이 차면 자연으로 흘러넘치는 것마냥 만들어지는 나이다 그 말이오. 세월을 저꺼바야 되는 나이지. 그냥 세월만 처먹는다고 되는 나이가 아닝게. 속부터 양글어지는 것이다, 그말인디, 뜻은 알것는디 말로 갈챠 줄랑게 그거시 참 어렵네잉(웃음). 세월이 스승인 것은 틀림없는 일인디."

나는 동네에 있던 중학교(본교와 떨어져 마을에 따로 세워진 분교)를 졸업하고 고향을 떠났다. 빨리 시골을 벗어나고 싶었다. 혼자 지낼 수 있게 된 여고 시절의 좁은 자취방은 내겐 천국이었다. 대학을 졸업하고 간호사가 되었다. 그런데 다시는 돌아오고 싶지 않았던 고향으로 오게 되었다. 고향에 있는 보건진료소에 발령을 받은 것이다. 걸핏하면 우는 아이여서 '울내미'라는 별명으로 통하던 내가 직장인이 되어 귀향한 것이다.

어르신들을 다시 만나니 반갑기도 했지만 흘러간 세월 크기만큼 어색하기도 하였다. 아랫마을 울내미로 기억하시니, '소장'이라는 직함 부르기가 아무래도 자연스럽지 못했고, 나 또한 어르신들로부터 그렇게 불리는 것이 익숙하지 않은 탓이었다. 그렇다고 울내미를 대하듯 반말로 얘기하기도, 존대하기도 어색한 그런 상황이었다. 가끔은 차라리 타향에서 근무하면 공사(公私)가 나뉘어 좋았을 것이라는 생각을 가지기도 하였다.

하지만 머리가 아프다, 허리가 아프다는 증상에 약과 주사를 처방하기 전, '속을 아는 사람들'이어서 타향에서는 경험하지 못할 일을 겪기도 한다. 그것은 매우 색다른 일이어서 앞으로 어떤 일들을 겪을까 즐거운 기대를 하는 이유이기도 하다. 고향 친구 부모님을 진료실에서 만나는 반가움도 잠시, 훌쩍 지난 세월 뒤로 칠팔순을 넘겨 늙어 계신 모습은 안타깝기도 하다.

바지저고리를 입은 큰아버지가 논두렁을 걷는 모습, 치마저고리를 입은 큰어머니가 새참 소쿠리를 이고 밭두렁을 걷던 모습은 진료실 창문만 열면 손에 잡힐 듯 지척인데 이제는 모두 추억이 되고 말았다. 세월같이 빠른 것이 없다는 어르신들의 말씀을 공감한다. 고향 떠나 강산이 세 번 변한 뒤에 돌아왔으니, 골목 풍경이야 말하여 더 무엇하리.

진료를 마치면 어르신들은 내가 몰랐던 부모님에 관한 이야기를 하시거나 마을 사람들의 비화를 들려주시기도 한다. "이제 소장도 알아들을 만한 나이가 됐응게 허는 말인디…." 하며 운을 떼면 무슨 말씀을 하려고 저러시나 싶어 귀를 세운다.

딸만 내리 여섯 일곱을 낳던 박 씨에게 술을 진탕 먹여 윗마을 과부댁 방에 밀어 넣었었다는 장난부터 야반도주한 김 씨와 이 씨의 불륜 이야기. 박 씨 아들이 공부를 하도 잘했는데, 2등만 하는 아들에게 1등 좀 내주라고 박 씨에게 막걸리를 한 되나 사줬는데, 끝내 그 일은 일어나지 않았다며 허허 웃는 강 씨 등.

이제 와서 오래된 이야기들을 꺼내는 것은 누구의 흉허물을 들추자는 것이 아니다. 그럴 수밖에 없었던 사정과 그런 선택을 할 수밖에 없었던 절박함을 관용하고, 곰삭은 희로애락의 순환을 웃으며 나누는 것이다.

　사람 사는 곳에 어찌 좋은 일만 있었을까. 어르신들이 들려주는 가슴 뻐근한 이야기를 듣노라면 마음 찬 박수가 나오기도 하고, 짭짤한 눈물이 목으로 넘어가기도 한다. 내밀(內密)한 이야기를 하기 전에 '이제 소장도 알아들을 만한 나이가 됐응게 하는 말인디'라는 말을 생각한다. 알아들을 나이가 된 사람으로 인정(認定)하여 주심이라 내심 뿌듯하다. 세월에 묻은 후회와 아쉬움을 나누려는 서두(序頭)인 것을 알기 때문이다. 그러나 때로 말귀가 어두워 밝히 알아듣기에 부족한 나의 총기(聰氣)는 여전히 부끄러울 따름이다.

　허리가 아파 보건진료소에 왔다는 최 씨 할아버지에게 차 한 잔을 건네며 "알아들을 나이란 몇 살부터일까요?" 여쭈었다. 철부지가 어르신들 삶을 이해할 나이, 숫자로 딱 잘라 선을 긋기는 어렵지만 한 살 한 살 먹어가다 보면 알게 된다는 나이, 살아봐야 채워진다는 나이, 말로 하기는 어려운, 뜻을 헤아려 아는 사람됨의, 그 나이.

지금은 내가 부분적으로 아나
그 때에는 주께서 나를 아신 것 같이
내가 온전히 알리라

(고린도전서 13:12)

노랑 별곡

"아침에는 쌀쌀한 기운마저 감돌았는데요, 한두 시간 안에 낮 기온이 27~28도로 높아져 아침과 기온 차가 10도 이상으로 크게 벌어지겠습니다."

"…감기 걸리기 쉬운 날씨이니 별도로 겉옷을 챙겨 다니시는 게 좋겠습니다. 쾌적한 초가을 날씨가 이어지겠습니다. 당분간 뚜렷한 비 소식은 없을 것으로 보입니다. 어제보다 조금 덥게 느껴지겠지만 밤에는 금세 쌀쌀해지겠습니다. 이상 날씨였습니다."

일교차 10도 이상이라니, 귀가 솔깃해진다. 지독히 뜨겁던 무더위가 물러가니 어찌 아니 반가울까. 초가을, 가을이라는 말만 들어도 벌써부터 마음 일렁이는 것은 산허리 휘감는 운해(雲海) 풍경을 볼 수 있을 것이라는 기대감, 아울러 황홀한 여명(黎明) 담긴 새벽 호수까지 볼 수 있을 것이라는 기대감 때문이다. 어느 계절보다 부지런히 카메라 가방을 메고 집을 나서게 된다.

적상산 전망대에 올랐다. 산첩 속으로 펼쳐진 향적봉과 맞잡은 봉우리들. 산 그리메 위로 하늘빛이 예사롭지 않다. 장엄함 속에 고요함이 스민다. 답답한 속을 시원케 열어주는 아침 풍경. 상쾌한 공기까지 심호흡하니 날아갈 듯하다. 산행을 마치고 보건진료소로 돌아왔다. 점심시간에 어느 선배에게 전화가 왔다. 퇴근길에 겪은 일이라며 다음과 같은 이야기를 풀어놓았다.

"운전 중에 라디오에서 들었어. 진행자가 출연자들에게 묻더군. 앞을 볼 수 없는 시각장애인에게 노란색을 어떻게 설명할 것인가. 그 주제로 이야기 나누더군. 한참 듣다 보니 잔디밭을 맨발로 걷게 한 후 발바닥을 간지럽히는 감촉을 초록이라고 설명하겠다는 사람도 있었고, 토마토 맛을 보게 한 후 그것을 빨강이라고 알려주겠다는 답도 나왔네. 재밌지 않아?" 선배는 나에게 물었다.

"그대는 노란색을 뭐라고 설명할 것이오?"

머뭇거릴 수밖에 없었다. 즉답을 보내기는 쉽지 않았다. 한참 후에 다음과 말했다. "아, 어렵네요. 글쎄요. 달맞이꽃을 따다가 손으로 만져보라고 하고 이것이 노랑, 아아, 아니군요! 잠시만요, 바나나를 먹어보라 한 후에 이것이 노랑? 이것도 아니군요!" "그것도 나름 괜찮군." "그런데요, 설명하면 할수록 설명이 더 안 되는 이 기분은 뭐죠? 답이 없는 문제 아닌가요, 어쩌나?"

그렇다면 주황이나 파랑은? 남색이나 보라는 어떻게 설명할 것인가? 아니, 세상에 존재하는 모든 색을 말로 설명하기로 한다면? 평소 별로 생각지도 않았던 문제였다. 나는 다른 사람의 이야기를 더 듣고 싶어 SNS에 글을 게시하고 답을 기다렸다. 첫 댓글이었다. 수험생이라는 그는 대학 수시전형 면접에서 이와 유사한 질문을 받았다고 했다. 이윽고 댓글이 이어졌다.

'누군가 내 눈을 때렸을 때 느껴지는 것.', '새 신을 신고 팔짝 뛰었을 때 그 순간 느낌!', '달콤한 단호박 죽을 먹어보라고 하겠어요.', '겨울이 지나고 봄날 밝은 햇살이 진정 황금 노랑이죠. 만질 수 있다면 좋겠습니다. 안타까운 상황 설정이네요.

저의 창의력이 이 정도인가, 한계를 느끼게 하는 난감한 문제이군요.', '단…무…지…(무지해서 죄송합니다).', '무지개에서 세 번째 색깔. 그런데 그 사람이 무지개를 보았을 리가! 아, 어렵네요.' 등등. 그중에 눈에 띄는 글이 있었으니! '저는 그분에게 똥을 만져보게 하겠습니다.'였다.

보기에도 민망한 것을 만져보게 한 후 노랑을 알게 하고 싶다는 이유는 삶이 늘 아름다울 수만은 없다는 논리였다. 잔디가 항상 초록일 리 없고, 토마토가 항상 빨강일 리 없다는 추가 논리였다. 시신경이 인식한 빛과 색을 색상 경험 언어에 빗대어 설명한다는 것이 이토록 궁색한 일이었던가.

새벽하늘과 마주 선다. 서서히 아침 해가 솟아오를 순간이 다가온다. 여명은 그 자체로 숨 막힐 듯한 빛의 향연이다. 빨강, 파랑, 노랑, 보라의 광채를 보노라면 절묘한 신(神)의 연주여서 차라리 숨이 막힌다. 두 팔을 벌리면 닿을 듯 다가오는 운해, 어찌 말로 형용할 수 있을까. 풀지 못한 숙제처럼 '노랑'이 떠오른다. 빨강을 생각한다. 파랑을 생각한다. 세상이 어찌 아름다울 수만 있겠냐고, 굳이 힘쓰지 않아도 더러움은 묻기 마련이라는 반론에, 그러니 나는 더욱 애써 아름답고 선한 것을 취하자고 다짐해 본다.

아침에는 쌀쌀하고, 낮에는 따뜻하고, 저녁에 다시 추워지는 계절은 숨결로 느끼고 알 수 있다 치자. 수백 아니, 수천에 이르는 색은 과연 어찌 설명할 수 있으랴. 당신은 당신만의 노랑에 대하여 어떻게 설명할 것인가.

언어도 없고 말씀도 없으며
들리는 소리도 없으나
그의 소리가 온 땅에 통하고
그의 말씀이 세상 끝까지 이르도다

(시편 19:3-4)

당신은
어디에

"좋은 아침입니다.
세월의 빠름을 절감하며 모닝커피 배달합니다.
읽고 또 읽어도 가슴 따뜻한 글과 향기가 정말 좋습니다."

그가 보내준 링크를 터치한다. 연분홍 꽃잎이 바람에 흩날리는 거리에 함박눈이 펑펑 쏟아진다. 카페 창가에는 모락모락 피어나는 커피잔 그림이 화려하다 못해 요염하다. 자동으로 글이 흐르는데, "식어버린 커피 한 잔에 설탕 대신 그리움을 넣었습니다. 그리움을 넣었더니 커피 향은 더 진하게 가슴으로 다가와 온기를 남깁니다. 사람이 사람에게 줄 수 있는 최고의 행복은 언제나 변함없는 마음입니다. 오늘도 즐거운 하루 되시고 부자 되세요." 오만 원권 지폐를 장미꽃 속에 묻어 백 송이로 포장하였는데 그림 위로 끝없이 붉은 하트가 펑펑 터진다. 꽃다발은 작아졌다 커졌다 반복하며 금방이라도 화면 밖으로 나올 것만 같다. 사진을 손끝으로 건드리니 "한 장의 사진처럼 예쁜 추억으로 가슴 깊숙이 담으시면서 가을의 끝자락 여유롭게 마무리하셨으면 좋겠습니다. 많이 쌀쌀해졌습니다. 늘 건강에 유의하시면서 겨울 준비하세요. 행복하세요!"

아침마다 모닝 톡을 보내주는 그가 있다. 친구로 등록된 초기에는 반가운 마음에 메시지마다 꼬박꼬박 답장을 보냈었다.

"좋은 글 감사합니다. 잘 읽었습니다. 건강하시죠?", "식사 중입니다. 함께 계시면 나눌 수 있으련만!", "출근 중입니다.", "이곳에는 첫눈이 왔답니다. 구경하세요.(사진과 함께 카톡)" 등등.

일주일, 이주일. 시간이 지나면서 처음과 달리 그가 보내는 글과 사진에 어떤 생기(生氣)가 없다는 것을 알게 되었다. 이제는 답장을 보내지 않는다. 아니, 어느 날은 아예 읽지도 않는다. 그런데도 계속 보내는 그를 어떻게 이해해야 하나 머뭇거린 적도 있다. 귀한 시간 써가며 보내주는 수고(!)가 고마워서 그의 긴 글과 많은 사진에 대응하지 못할 훨씬 짧은 답을 보내는 것이 오히려 미안했는데 말이다.

누군가 혹은 어디선가 읽은 글과 사진을 그대로 복사해서 나에게 보낸다는 것을 알게 된 것은 같은 글과 사진을 여러 사람에게 받기도 하면서부터다. 이쯤 되니, 그는 진정으로 나의 안부가 궁금한 것이었을까 궁금해졌다. 그렇다면 다른 사람의 글과 이야기가 아니라 자신의 이야기로 안부를 나누어 주어야 하는 것이 아닐까. 사회적 관계망은 지구 끝까지 연결되었다는 스마트 시대에 마음과 마음을 이어주는 영혼의 관계망은 단절된 것일까.

날마다 쏟아지는 뉴스 홍수 시대, 그대로 믿기 의심스러운 정보들, 감상적 메시지 앞에 겉도는 기분이 드는 것은 무슨 까닭일까. 필요한 정보만 취하기에도 바쁜 시간이다. 그러니 무시하면 그만이라고 생각하면서도 나는 당신의 시간 쓰는 것을 멈춰 달라 부탁하지 못하니, 어쩌면 나도 공범일까. 다시 아침이 되었다. "좋은 아침입니다. 나를 사랑하면 세상도 나를 사랑합니다. 오늘도 많이 사랑하는 하루 보내세요!"

"오늘은 선물입니다. 당신 인생에 다시 오지 않는 날입니다. 823년 만에 오는 행운이 깃든 날이랍니다. 그러니 이 메시지를 적어도 다섯 명 또는 다섯 그룹에게 보내세요. 그리하면 사흘 이내에 돈이 굴러올 겁니다. 중국의 풍수에 따르면 읽고 11분 이내에 보내야 한답니다….." 읽어 나가는 중 또 한 통이 날아온다.

"밥은 먹을수록 살찌고, 돈은 쓸수록 아깝고, 나이는 먹을수록 슬프지만, 당신은 알수록 좋습니다. 늘 푸른 소나무처럼 변함없는 마음으로 행복을 배달해드립니다. 오늘도 즐겁고 행복한 하루가 되세요!"

당신은 어디에 계십니까.

오직 여호와의 율법을 즐거워하여
그 율법을 주야로 묵상하는도다
(시편 1:2)

따로 또 같이

"엄마! 치킨이 먹고 싶어요!"
"그래? 오래간만에 치킨 집에 가볼까?"
"나는 프라이드치킨!"
"나는 양념치킨!"

우리 동네에는 치킨집이 없다. 산골 마을이기 때문이다. 시험을 치느라 수고 많았다는 의미로 모처럼 5학년 쌍둥이를 데리고 읍내 치킨집에 나왔다. 쌍둥이는 똑같은 인형처럼 생김새가 비슷하니 성격이나 성품도 비슷할 것으로 생각하신다면 오산이다. 막 태어난 신생아 시절에는 목욕을 시키거나 젖을 먹여 놓고 뒤돌아서서 잠시 일을 보고 돌아오면 '방금 어느 녀석에게 목욕을 시켰더라? 누구였지?'라며 헷갈리는 경우가 적지 않았다. 할 수 없이 떼어놨던 팔찌를 다시 채워서 형과 동생을 구별한 적이 있었다. 엄마인 나조차 구별하기 힘들 정도였다.

그런데 아이들이 점점 자라면서 서로 다른 모습들이 나타나기 시작하였다. 예를 들면 치킨 가게에 가서 메뉴판을 보고 주문을 하면서도 형은 프라이드치킨, 동생은 양념치킨을 외치는가 하면, 형은 삼계탕을 좋아하는데 동생은 삼계탕 특유의 냄새조차 싫어하여 아예 쳐다보지 않는 것 등이었다. 형은 삶은 고구마를 좋아하고, 동생은 찐 감자를 좋아한다. 굳이 가르치지 않아도 호불호가 나누어지는 것을 보노라면 뿌리는 같으나 각기 다른 가지로 자라나는 나무를 보는 듯하다.

쌍둥이가 같은 성격이고 같은 경향이라면 우선 편할지는 모르겠으나 한편으로 생각해보면 얼마나 재미없을까를 생각한다. 형은 형대로, 동생은 동생대로 개성이 도드라지고 돋보이는 것, 그것은 쌍둥이라는 같음 속에 따로따로 숨어 있는 서로 다름이 있어 흥미와 기대감을 갖게 하니 큰 매력이다.

남편은 대학 졸업 후 자동차 영업 사원으로 입사한 후 줄곧

영업사원으로 근무하고 있다. 자회사뿐 아니라 타사와 해외 자동차의 제원에 관한 해박한 지식을 지니고 있지만, 뜻밖에도 그는 기계치(癡)이다. 전기밥솥, 세탁기, TV, 심지어 손바닥으로 들어온 스마트폰조차 사용법 익히기를 귀찮아 하여 때로 바쁜 나를 부른다.

반면 나는 새로운 제품이 나오면 호기심이 많아 빨리 배우고 싶어 안달이다. 그러한 나의 성격을 잘 아는 남편은 고객들이 보내준 제품 문의나 안부 메시지가 도착하면 나에게 휴대전화기를 맡긴다. 답을 불러주고는 대신하여 전송하라는 요청을 한다. 나는 정성을 다하여 부탁을 수행하면서 남편을 도울 수 있음에 뿌듯한 즐거움을 느낀다. 쌍둥이도 같은 모습이나 다른 모습으로 사는 것처럼, 나와 남편도 서로에게 부족한 것을 넉넉한 것으로 도와가며 부부라는 이름으로 함께 살아간다. 그것은 고유한 색을 자랑하기보다 서로 조화를 이루어 더 아름다움을 지어내는 일이 아닐까.

어제와 같은 스물네 시간, 그러나 어제와 다른 삶이 펼쳐지는 오늘. 꽃과 나뭇가지가 같은 뿌리에서 따로 자라 한 그루의 나무를 이루는 것처럼. 같으면서 때로 다른 모습은 서로의 성장을 아우르는 소중한 씨앗이 아닐까?

"고객님! 주문하신 치킨 나왔습니다."
"쌍둥이! 맛있게 먹어라!"

누가 너를 남달리 구별하였느냐
네게 있는 것 중에 받지 아니한 것이 무엇이냐
(고린도전서 4:7)

늦게 피는 꽃

**가갸가지마라 거겨거거머리
아야아아버지 어여어어머니**

연필을 꽉 거머쥔 어머니의 투박한 손이 떨린다. 천천히 글씨를 써 내려가는 모습을 보는데 내 손까지 저절로 힘이 들어간다. 칠순이 넘은 친정어머니가 한글학교에 입학하셨다. 숙제를 해야 한다며 보건진료소에 오셨다.

어머니가 한글을 배우기로 마음먹게 된 데에는 두 가지의 동기가 있다. 하나는 전국에 흩어져 사는 자식들에게 농산물을 보낼 때에 당신 손으로 택배 주소와 이름을 써 보고 싶다는 것이고, 또 다른 한 가지는 주일 예배를 드릴 때에 다른 사람의 도움 없이 성경구절과 찬송가를 찾고 싶다는 것이다.

가난과 여자라는 이유로 배움의 길에서 멀리 떨어져 있던 어머니가 한글을 배우기로 하신 것이다. 꼬부라진 길을 돌고돌아 늦게서야 공부 앞에 선 어머니는 수업이 처음 열리던 날 손자뻘 되는 선생님과 인사를 나누었을 것이고, 선생님이 이름을 불렀을 때 부끄럽게 자기소개도 하셨을 것이다.

입학식이 있던 이른 아침 보건진료소에 오신 어머니에게 나는 연필과 지우개를 챙겨 필통에 담아드렸다. 한글 쓰기 네모 노트까지 가방에 넣어드리며 다시 축하와 용기를 북돋아드렸다. 선생님은 어떻게 생긴 분일까. 친구들은 몇 명일까. 어머니의 학교 생활이 왜 이리 궁금하고 설레는 것일까.

삼십 리 길을 걸어 학교에 다니던 오빠의 도시락을 새벽마다 챙겼다는 어머니. 도시락을 오빠의 손에 들려주고, 아른아른 사라질 때까지 바라보고 서 있다가 논둑길 따라 집으로 되돌아왔다는 어머니. 저녁이면 오빠의 책 읽는 소리가 좋아서 이불 속에서 오빠의 글 읽는 소리를 따라 읊조렸다는 어머니.

여자가 무슨 배움이냐며 핀잔을 들어야 했던 암울한 시대를 사셨지만 정작 당신의 여섯 자녀를 모두 대학까지 보내셨다. 평생 글을 모르고 살아오셨으나 얼마 후면 어머니의 글눈은 열릴 것이고, 책을 읽게 될 것이다. 하고 싶은 이야기를 편지로 쓰게 될 때 얼마나 신기하고 즐거워하실까.

연기를 품으며 힘차게 내달리는 완행버스에 몸을 실은 어머니가 손을 흔든다. 포기하지 않고 계속되는 어머니의 모습을 바라보는 마음이 흐뭇하기만 하다. 비록 늦은 출발이지만 자체로 아름다운 것은 어려움 속에서 다시 피어날 꿈의 씨앗이 움트고 있기 때문일 것이다.

봄날에 앞 다투어 피는 꽃보다 추운 겨울에 피어나는 꽃이 더 아름다운 이유는 추위에 얼지 않기 때문일 것이다. 그 속에 태양같은 열성이 숨 쉬고 있기 때문일 것이다. 야야! 내가 늘그막에 무신 공부라냐? 동네 사람들이 날더러 미쳤다고 안 하것냐? 어머니, 그것이 무슨 말씀이라요.

나는 오늘도 어머니가 키우는 작은 나무에 용기의 물을 주고 격려의 거름을 준다. 이제 겨우 새싹이 돋아 때로는 바람에 흔들리고, 포기하고 싶은 갈등으로 맞섬도 있을 것이나 머지않아 꽃이 피어나리라는 믿음에는 한 점 흔들림이 없다. 어머니, 다음 문장을 큰 소리로 읽어보실까요.

"성현이 이르기를 어리석은
사람은 복을 받기는 좋아하나
복을 짓기는 싫어하고
화를 받기는 싫어하나
죄짓기를 좋아하네"

또 새 영을 너희 속에 두고
새 마음을 너희에게 주되
너희 육신에서 굳은 마음을 제거하고
부드러운 마음을 줄 것이며

(에스겔 36:26)

가을이 오면

"식사 시간에는 핸드폰 좀 내려놓으면 안 될까. 얼굴 보며 먹자."

라고 말하고 (속으로는) '쌍둥아, 스마트폰 보는 시간 반으로 줄이고 책 좀 보자꾸나!'라고 이야기 하고 싶은 나. 평소 같으면 눈 흘기며 째려봤을 녀석들이 그날 아침에는 질문이 있단다. 폰을 가지고 다가왔다. "엄마는 아이돌 중에 누구 좋아하세요?" "갑자기 아이돌은 왜? 그…글쎄다." 잠시 후에는 또 "엄마는 무슨 노래 좋아하세요?" "노래? 그…글쎄."

뮤직비디오를 보여주던 아이들은 학교에 가고, 나는 진료실로 출근했다. 환자 진료가 시작되고 전화를 받는 등 바쁜 일이 이어졌다. 잠시 여유가 생기면 쌍둥이에게 자신 있게 답하지 못한 질문이 물음표처럼 따라다녔다. '내가 좋아하는 가수는 누구? 좋아하는 노래는?' 어쩌다 친구들과 노래방에 가면 무슨 노래를 불러야 할지 어물쩍 곡목집만 뒤적이는 나. 도무지 가사를 보지 않고는 불러 젖힐 한 곡 없다니, 요샛말로 참 웃프다.

벽에 붙은 최신 인기 순위 곡을 훑어봐도 '딱! 이 노래!' 라고 선택할 제목을 알지 못한다. 그즈음 머리를 스치며 떠오르는 노래가 있었으니. 아아 으악새 슬피우니 가을인가요 / 지나친 그세월이 나를 울립니다 / 여울에 아롱젖은 이즈러진 조각달 / 강물도 출렁출렁 목이 멥니다 (중략) 친정 아버지께서 잘 부르시던 옛 노래이다. 아아 뜸북새 슬피우니 가을인가요 / 잃어진 그 사랑이 나를 울립니다 / 까지.

이 노래를 배운 적도 없고 불러본 적도 없다. 그런데 가사를 쓰다니, 그것은 이 곡을 '짝사랑'하신 친정 아버지 덕분이다. 만약 당신 아버지가 가장 좋아한 노래는 무엇이냐고 누군가가 묻는다면 망설임 없이 답할 자신 있건만. 봄이든 여름이든 굳이

가을이 아니어도 아아 으악새 슬피 우는 가을로 시작되던 노래이다. 들국화 바람에 살랑이는 가사에 이르면 흐지부지되던 노래. 내가 지켜본 바에 의하면 노래가 시작될 즈음 아버지는 입에 물었던 담배를 손가락 사이에 끼우신다. 마루 끝에 앉으시어 긴 한숨 몰아쉰 후엔 여지없이 날숨 타고 흐르던 '아아 으악새'.

사각거리는 억새가 은빛 물결로 출렁이면 하늘로 솟아올라, 나는 새인가. 작은방 틈새로 아버지를 보았다. 때로 취기가 오를 대로 오른 붉은 눈은 처연했다. 꼬부라진 혀에서 엉킨 노랫말은 엿가락처럼 휘어져 늘어지다 스르르 녹아지던 짝사랑. 숨어 지켜보던 나는 문을 열고 나와 잠든 아버지 곁을 지난다. 막걸리 내음 가득하던 고향 마루에 반주 없는 짝사랑은 오래오래 맴돌았나. 귀를 막아도 들리나니, 인제 보니 뇌벽(腦壁)에 새겨진 노래가 되었다.

농사짓느라 종일 볕에 그슬린 것도 모자라 강소주로 달구시고는 노을로 하루를 덮으신 아버지. 그날들이 꿈결 같다. 아버지 애창곡은 아버지를 뜨겁게 데운 삶에 휴식이 아니었을까. 생각에 잠기다 보니 시아버님의 노래도 생각난다. 일본강점기 시절, 일본에서 태어나 열다섯 살에 해방되어 조국으로 돌아온 시아버님. 고향이나 다름없는 오사카(大阪)와 그곳에서 함께 놀던 친구들이 얼마나 보고팠으면.

꽃잎은 하염없이 바람에 지고 / 만날 날은 아득타 기약이 없네 / 뒷짐 가볍게 쥐고 서서 창밖을 바라보며 당신의 한(恨)을 읊조리던 모습은 꿈속 사진이 되었다. 무어라 맘과 맘은 맺지 못하고 / 한갓되이 풀잎만 맺으려는고. 붉게 살아 오르는 먼 산 단풍 바라보며 앞소절 따라부르시더니, '어쩌다 칠십이 되었다냐. 한심하구나.' 하시던 시아버님. 나는 잊을 수 없다. 그 후에도 아들 며느리 집에 오기만 하면 엄정행 선생의 그것을 틀어 달라셨다.

두 아버님이 즐기던 노래를 떠올리며 상상한다. 흥얼거린 짝사랑에는 차마 고백 못한 추억이 숨어 있는 것일까. 못 다 부른 동심초에 어린 애련한 그리움의 깊이 넓이는 얼마나 될까. "엄마! 인기 짱 동영상입니다!" 쌍둥이가 남기고 간 메시지 따라 링크를 여니 열세 명 소년의 현란한 안무와 노래가 경쾌하게 펼쳐진다. 역시 중학생 쌍둥이가 좋아할 만하다. 아, 어지럽다. 만 명 가까운 가수가 육십만 곡 넘는 노래를 부른다는데, 즐겨 부를 애창곡 하나 만들어볼까. 무슨 노래를 골라 볼까나.

너로 말미암아 기쁨을 이기지 못하시며
너를 잠잠히 사랑하시며
너로 말미암아 즐거이 부르며
기뻐하시리라
(스바냐 3:17)

그 어디나 하늘나라, 겨울

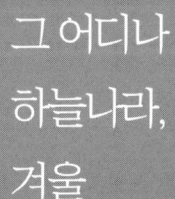

넘어지지 않고서야
사랑의 기술
숙제
그 어디나 하늘나라
한 알 반
번역이 필요해
꿈풀이
새 소망
늙어간다는 것

넘어지지
않고서야

침묵만 흘렀다. 남편도 말이 없었다.

시험을 마치고 나온 딸은 뒷좌석에 앉았다. "모처럼 바닷가에 가볼까?" 분위기와 어울리지 않는 말을 남편에게 건넸다. "수고 많았다."는 말 외에 입을 다물고 있던 남편이 어색함을 없애려는 듯 "무엇이 먹고 싶으냐?"고 물었다. 딸은 대답 대신 눈을 감고 있었다.

이름이 또 없다. 세 번째 낙방이다. 딸은 영화영상 관련 학과에 지원하여 수시전형 시험을 치르는 중이었다. A대학의 정원은 30명이다. 실기시험에서 17명, 특기생 2명, 정시 모집에서 11명을 선발한다. B대학의 경우에는 1차에서 10배수, 2차에서 3배수를 선발한 후 최종 면접과 실기에서 정원을 선발한다. C대학의 경우에는 실기 시험과 면접을 치르고 수능 최저점수를 반영한다.

논술 시험에서는 다음과 같은 문제가 나왔다고 했다. 너무 긴장한 나머지 뭐라고 썼는지 생각나지 않는다고 했다. "영화 도입 부분과 결말은 아래 내용과 같다. 하이라이트 본문을 완성하시오."라든가 "아이러니라는 단어의 뜻을 설명하고, 그와 관련된 영화에 대하여 기술하시오." 대학마다 입시 전형이 다르니 수험생 입장에서는 다양한 시험에 대비해야 하는 셈이다. 고단하지 않을 수 없다.

이튿날에 있는 면접을 앞두고 모처 숙소에 누웠다. 눈을 감으니 어둠 속으로 수험생 딸의 어린 시절이 클로즈업되어 다가왔다. 언니에게 자전거 타기를 배우던 날, 신나게 웃고 달리던 중이었다. 뒤 바큇살(spoke) 사이에 발목이 끼어 상처를 입었다. 우는 아이를 안고 병원으로 달려갔다. 다행히 발꿈치 힘줄(Achilles건)에는 이상이 없었다. 상처를 봉합(縫合)했다.

집으로 돌아오던 길에 "다시는 자전거 안 탈 거야!"하며 울먹이던 딸. 웬걸, 롤러블레이드까지 쌩쌩 달렸었지. 수시 전형 준비로 시간을 써버려서 수능 공부를 제대로 못 했으니 시험까지 망칠 것이라고 낙심 또 낙심하고 있었다. 그런데 마지막 남은 대학에서 '합격' 소식이 날아왔다. 딸도 나도 울었다. 대학 입시는 그렇게 끝난 줄 알았다. 여름방학이 다가올 무렵, 딸에게서 장문(長文)이 담긴 편지가 날아왔다.

"한 달 넘게 고민하며 쓴 편지입니다."를 시작으로 몇 번을 망설이다 보낸다는 편지글에는 "최선보다는 최악의 결과를 떠올리고, 결과에 대해 걱정까지 해야 하는 지금, 새로운 도전을 앞두고 무언가를 계산한다는 것이 두렵습니다. 대학에 와서 가장 많이 생각한 것은 공부보다 재수입니다." 결론은 재수(再修)하겠다는 것이었다. 부정적이든 긍정적이든 도와달라는 하소연으로 가득했다. 나는 너무 화가 났다.

대학을 결정하고 입학하기까지 얼마나 많은 고민과 선택의 결과였던가! 재수하겠다고? 정말이지 딸이 옆에 있었다면 버럭 소리를 질렀을 것이다. 기숙사로 실어 날랐던 이불과 옷들이 돌아왔다. 어느 방향으로 가야 좋을지, 좌표에 서서 길을 찾고 있는 딸을 생각한다. 엄마라도 너를 대신할 수 있는 것은 아무엇도 없다. 미안할 뿐이다. 넘어졌다고 생각하자. 그래, 넘어질 수 있지. 넘어진 사람만이 아픔을 아는 법이지. 아플 때는 어떻게 어루만져야 하는지 배우는 법이지. 넘어지지 않고서야, 어찌 일어서랴.

사랑의 기술

수샛바늘을 찌드자마사
강 씨 몸빼 바지 속에서 벨 소리가 울렸다.

"누구냐? (나는 바늘을 뽑고 알코올 솜으로 어르신 엉덩이를 문지르고 있었다)"
"엄마! 어디세요? (전화기 밖으로 들리는 소리)"
"허리가 너무 아파서 진료소 좀 왔다."
"그랬구나. 엄마가 안 보여서 어디 가셨나 했어요."
"별일 없다. 끊자! (퍽)"

"호랭이 물어갈 것들이 시도 때도 없이 전화질을 해싸서 귀차나 죽것당께요."

나는 바지를 추켜올리며 진찰실 밖으로 나오는 어르신에게 "자식들이 자주 전화하니 얼마나 좋으세요?"라고 말했다. 그런데 강 씨는 그렇지 않다며 두 손을 가로저었다. 지난 가을, 이 어르신의 남편은 안방에서 쓰러졌다. 앉아있다 일어서는데, '퍽 주저앉더니 그만' 고관절 골절상을 입었다. 급히 응급실에 실려 가고, 수술을 받고, 재활치료까지 받았으나 석 달도 못 되어 돌아가시고 말았다. 매우 안타까운 일이었다.

홀로 남은 어머니가 쓰러지기라도 하면 큰일이라고, 객지의 자녀들은 고향 집에 CCTV를 설치하기에 이르렀다. 그리하여 강 씨의 일상은 전국에 흩어진 자녀들 핸드폰 앱 속으로 노출되었다. 뒤꼍, 안방, 주방, 거실과 마당에 설치된 붉은 눈동자는 오늘도 깜빡거린다.

"소장님! 요새는 쓰마리(스마트폰)로 손금 보드끼 훤히 디다 볼 수 있담서요? 곶감만 널어도, 엄마! 곶감 널었네요? 메주만 걸어도 엄마! 메주 걸었네요?" "하여간 귀신이 곡할 노릇"이라며 어르신은 바지 안주머니에 휴대폰을 넣으셨다.

다음날 아랫마을에 사는 박 씨가 보건진료소에 오셨다. 목이 아프고 기침이 심하다며 진료를 청하셨다. 어르신은 나에게 약을 짓는 동안 재미있는 이야기를 해주겠다고 하셨다. "우리 집에 네모난 신기한 물건이 있다네. 라면 상자보다 조금 큰디, 개똥벌레맨치로 깜빡깜빡 불이 와. 불이 꺼졌다 켜졌다 하면, 신기하게도 상자 속에서 편지가 쏙 나온다네!"

뒷얘기를 더 잇자면 '닭이 알을 낳듯' 상자가 편지를 낳는다는 것이다. 나중에 알고 보니, 그것은 팩스였다. 며칠 후 감기가 더 심해져 도무지 보건진료소까지 걸어갈 수 없을 정도로 몸져 누웠으니 왕진을 와달라는 요청이 전갈(傳喝)되었다. 가정방문 길에 올랐다. 열을 재고 주사를 놓는 등 처치가 끝나자, 어르신은 그동안 네모 상자가 낳은 것이라며 수북하게 쌓인 알(!)들을 보여주셨다. 딸이 보낸 편시었나.

대구에 사는 셋째 딸이 기계를 설치해줬는데 가가 얼마나 영특한지 모른다고 딸 자랑까지 곁들였다. 박 씨 얼굴에는 이미 싱글벙글 행복 꽃이 피어 있었다.

- (편지) 11월 28일 오전 10시. 아버지! 큰언니가 토요일 저녁 6시쯤에 집에 갔었는데 아무리 문을 뚜드려도 아버지가 몰라서 그냥 갔다네요. 동창회에 갔었대요. 잔치도 보고 한다고요. 냄새나는 거는 우리가 일요일에 사가면 안 돼요? 며

칠 더 참아 주세요. 아셨죠? -

심장마비로 갑자기 부인이 떠난 뒤 홀로 된 박 씨. 아내와 어머니의 부재(不在)로 일상이 바뀌어 버린 어르신과 딸들. '네모난 신기한 물건'은 청각 장애를 가진 아버지에게 딸은 선(線)으로 안부를 묻고, 당신의 필요를 채워주고 있었다. 반짝이는 소리는 가족간 메신저 역할을 톡톡히 수행하고 있었다. 그야말로 안방으로 들어온 첨단 기술에서 사랑의 향기가 풍겨나고 있었다. 나는 편지를 읽으며 코끝이 찡해지고 가슴이 뭉클해졌다.

안방에서 옷을 갈아입으려다 CCTV에 화들짝 놀라 화장실로 옷가지를 들고 갔다는 강 씨. 밥상까지 보았는지, "반찬이 그게 뭐냐"는 간섭에 카메라 눈을 피하여 상(床)을 들고 화장실로 간 적도 있었다는 말씀을 듣고 나니. '아, 그런 불편함도 있겠구나.' 첨단 기술 두 얼굴에 웃지 않을 수 없었다. 어머니의 안녕한 이면에 숨은 벌거벗은 부끄러움은 누가 지켜줘야 할까. 멀리 있는 자녀들은 부모님이 염려될 것이다. 그러나 CCTV 화각(畫角) 안에서만 쓰러지라는 법은 없지 않은가.

열심을 다한 사랑일진대, 씁쓸한 기분이 드는 까닭은 무엇인지 모르겠다. 안방을 지나 손바닥까지 들어온 이기(利器) 앞에 선 우리. 그것을 다룰 사랑의 기술이 지나치게 과한 것일까, 아니면 부족한 것일까. 진료를 마치고 문을 닫는데, 박 씨가 부르신다.

- (편지) 아버지! 밤새 잠을 못 주무셨다면서요? 하늘에 계신 엄마가 꿈에 보여서요? 엄마가 아버지 걱정되나보다. 식사 잘 챙겨 드세요. -

자녀들아 우리가 말과 혀로만 사랑하지 말고
행함과 진실함으로 하자

(요한1서 3:18)

숙제

"부모님께서 열여덟 살이었을 때 이야기 써오기."

고2 딸이 내민 국어 숙제였다. 저녁 식사를 마쳤다. 종이와 연필을 앞에 하고 남편과 마주 앉았다. 생각지도 않은 이런 숙제라니. 자연스럽게 여고 시절 시간 속으로 미소가 번져나갔다. 아련한 추억이 펼쳐진다. 아름다운 것들보다 아파했던 기억이 더 먼저 일렁이는 것은 잔잔한 수면 아래 깊이 잠든 상흔 탓일까. 남편의 열여덟 열아홉 살 이야기는 연애 기간에 들었는데도 글로 만나니 새롭다.

아버지가 겪은 세 번의 사업 실패, 어머니와 집안이 순식간에 주저앉았다는 첫 줄로 남편의 회상(回想)이 시작되었다. 결국, 햇빛도 들어오지 않는 골방으로 이사했다고 뒤이었다. 나는 덕유산 아래 산골 중학교를 졸업하고, 읍내 고등학교에 진학한 시점을 시작 문장으로 써나갔다. 기계와 노는 것을 좋아했던 남편은 밀링(Milling)머신, 선반(Lathe) 전문가가 되는 것이 꿈이었다고 했다. 나는 고전문학을 가르치는 선생님이 되는 것이 꿈이었다고 썼다.

회전 공구로 공작물을 깎아 내는 밀링머신, 공작물에 공구를 갖다 대서 잘라내는 선반 가공, 고도의 집중과 묘한 수작업 매력에 한참 빠져 있었다는 남편, '이 몸 태어날 때 님 따라 태어나니 / 한평생의 연분임을 하늘이 모를 일이던가 / 나 하나 젊어 있고 님 하나 날 사랑하시니 / 이 마음 이 사랑 견줄 대가 전혀 없다.' 임금을 향한 정(情)을 한 여인이 남편과 이별 후 연모하는 마음에 빗대어 의탁한 정철 선생의 오래된 글에 빠져 있던 나.

몇백 년이 흘렀건만 이 얼마나 멋진 글인가 하며 남편에게 읽어주었지만, 역시나 그는 관심이 없다. 남편은 고등학교 입학

후 알게 된 색맹 판정으로 밀링머신 선반 기능사의 꿈은 물거품이 되었다고 했다. 나 또한 국어교육학과는커녕 대학 정문도 넘보지 못할 형편으로 문학 선생님의 꿈은 물거품이 되었지. 남편은 축구선수가 되겠다고 결심했지만, 무릎 부상으로 그마저도 좌절, 왜 이리되는 것이 없을까 한탄하며 매일 절망했다고 쓰고 있었다.

상한 마음은 결국, 폭력으로 이어져 그는 서서히 문제아로 찍혔다고 했다. 이 학교 저 학교를 떠도는 전학생으로 낙인 되더니, 열 개가 넘는 학교를 전전하다 결국 제도권 울타리 밖으로 밀려났다는 대목. 나는 갑자기 웃음이 터져 나왔다. "아픈 이야기에 웃음이 나오느냐?"라고 남편은 핀잔하였다. 나는 글을 쓰다 멈추있다. "그대가 그리고 당신과 마주 앉아 있는 지금이 큰 복이네 복이야, 어찌 축복이 아니란 말인가?" 나도 웃고 남편도 크게 웃었다.

질끈 머리 싸맨 재수생, 절망 앞에서 제도 덕분으로 간호대학에 입학하게 된 여학생. 열여덟 살 갓 넘긴 청춘들이 흑백 영화 주인공으로 다가왔다. 검정고시를 치르고 대학 입시에 분투하던 남편 모습은 그야말로 명장면이 아닐 수 없구나. "여보, 우리 멋지게 살아온 것 아닌가? 손뼉 좀 치자. 박수, 박수!" 새벽 도서관이 열리자마자 첫 입장, 문이 닫힐 때까지 공부와 씨름한 학생, 도무지 이해되지 않는 수학 문제 풀이 과정은 '정석'을 통째로 외우기도 했다는 당신.

"딸아! 결핍만이 빚어낼 수 있는 다른 힘이 분명 있단다. 그런데 말이지, 그것은 결코 화폐로도 살 수 없는 것이어서, 젊어 고생은 사서라도 한다 하지 않더냐. 길지 않은 청년의 때, 뜨거운 경험 많이 쌓기 바란다. 격하게 사랑한다!"

숙제 끝.

너의 마음을 다하고 뜻을 다하고 힘을 다하여
네 하나님 여호와를 사랑하라
(신명기 6:5)

그 어디나
하늘나라

"제사상(床)에 안 올린 음식이라오. 깨끗한 것이네.
맛이 있거니 없거니 잡사 보셔."

문 두드리는 소리에 잠을 깼다. 졸린 눈을 비비며 나가보니 앞집 할머니이다. 할아버지 기일(忌日)이라 장만한 것이라고 하셨다. 김 서린 팥 시루떡, 꼬신 내 번지는 노릇노릇 정구지 부침개가 따시다. 다섯 번째이다. 발령받은 첫해에는 서로 잘 모르는 사이라 나눠주지 않으셨다. 이듬해부터는 '제사상에 오르지 않아 흠 없고 깨끗하다.'시며 순결(?)한 음식을 나누어 주는 김 씨.

"교회 댕기는 사람들은 제사상에 올랐던 음식은 안 먹는담서요? 염려 말고 드셔!" "아, 그게 말이죠, 어머니! 맛있게 잘 먹을게요." 고맙다는 인사도 채 마치기 전 김 씨는 돌아서신다. "나는 열여섯 살이고 영감은 열아홉 살이었어. 결혼한 지 사흘 만에 군대를 가드만. 식구들은 많재, 나는 막 시집온 색시라 살림살이도 모르것재, 층층시하 어른들도 어렵재, 암것도 모르겠는 거라. 낯설고 물선 시집살이가 어찌 매운지 말여. 부석 앞에서 군불(火) 땜시나 겁나게 울었당께. 죄 없는 연기 탓만 했지. 영감이 칠 년 만에 제대하고 왔어. 총 맞았다고 한쪽 다리 잃고 왔더만. 멀쩡했던 사람이 병신 되가꼬 온 거라. 집안이 난리가 났지. 그 전쟁통에 죽어서 못 오는 사람도 많았응게, 살아온 것만 해도 얼마나 다행이냐고 떡하고 잔치를 했었지."

남편은 생전에 아내인 김 씨에게 전쟁 중 고생한 이야기를 자주 들려주셨다고 했다. 이 할머니는 보건진료소에 오시기만 하면 두 분 삶에 대한 이야기를 자주 들려주신다. 열여섯 혼인 후 삼 년 동안, 열아홉 남편은 당신을 안아주지 않았다는 이야기에 마음이 흔들렸다. 열일곱이 넘고 스무 살이 될 때까지 어린 신부를 안아주지 않았다는 것이다.

"내가 너무 어리게, 겁나 불쌍해 보이더라. 삼 년이 지낭게로 재우 손도 잡아주고, 안아주더만(웃음). 아들, 딸 여섯 낳고, 백일 지난 막내 두고 영감이 먼저 갔네. 당연히 보고 싶지! 날이면 날마다 아무리 삽짝을 바라보고 지달려도 안 오는 거라. (나를 바라보시며) 죽은 다음에 가는 곳이 그리 좋은가? (나는 그냥 살풋 웃기만 했다.) 죽어서 가는 곳이 머시가 좋을라고? 한편으로 생각하면 말이지, 얼마나 좋은 곳이길래 그리도 모질게 움도 싹도 안 보이는가 싶어. 그곳은 참말로 신기한 곳인가벼. 한번만, 딱 한번만, 삽짝에 서 있기만 해도 좋은게, 안으로 들어오리는 소리 인 힐링게, 꿈속에서라도 한번만 봤으면 소원이 없것네. 보고 싶어. 머가 그리 바쁜가 꿈질로도 안 와. 안 와. 글쎄(우리 둘은 눈물을 훔치며 웃음)."

친정아버지 돌아가시던 날이 떠올랐다. "동생! 바쁘겠지만 집에 좀 다녀가야겠어. 작은아버지가 밭가에서 쓰러지셨네. 집에 모셨는데 좀 와 봐!" 큰집 오빠가 전화로 나를 불렀다. 점심 먹으려다 말고 친정집으로 달려갔다. 나는 쌍둥이 출산을 보름 앞둔 만삭이었다. 눈앞이 캄캄했다. 마음은 아주 급한데 몸이 따라주질 않았다. 아버지는 오른손으로 턱을 괸 채 옆으로 누워계셨다. 아버지 입가에는 굳은 피가, 코언저리에는 덜 굳은 그것이 흩뿌려진 붉은 물감이었다.

아버지는 꿈결을 헤매시듯 멀미 중이셨다. "너 왔냐?" 읍내 의원으로 달려가 응급 처치 후 대전 모 대학병원 응급실로 달려갔다. 다음날 새벽에 소천하신 아버지.

며칠 후. 보건진료소에 다시 오신 김 씨 할머니에게 맛있게 잘 먹었다는 인사와 함께 빈 접시를 드리며 또 여쭈었다.

"할아버지 많이 보고 싶으시죠?"

"안 보고 싶다면 거짓말이지. 보고 싶다고, 부른다고 볼 수 있나? 다 소용없는 일이지. 하늘나라 가면 곧 만날 것이라. 요새는 그리 믿고 있으니 생각만 해도 내 마음 좋아. 우리 영감도 나를 얼마나 기다리겠노?"

한편으로 생각하면 그곳이 얼마나 좋은 곳이길래 나를 잊었나 싶은 것이 야속하다가도, 눈물 아픔 없는 곳이라니 얼마나 좋겠느냐며 웃으신다. 한번만, 딱 한번이라도 좋으니 '보고 잡다'는 김 씨 소원. 그 염원 풀어질 날 소망하며 천국을 품고 사는 분이 아닐까. 빈 접시 실은 유모차 앞세운다. 발맞춰 골목 끝으로 돌아가는 할머니 모습 사라질 때까지 나는 축복을 빌었다. 등 뒤로 아련히 친정아버지 목소리가 들려온다. '너 왔냐?' 훗날 하늘에 이르러 뵙게 될 때, 우리 아버지는 나를 반겨주시리라. 아이들이 묻는다. "엄마는 할아버지 만나면 무슨 이야기부터 하실 거예요?" 나는 되물었다. "너희는 무슨 이야기를 할 것이더냐?"

이는 만물이
주에게서 나오고
주로 말미암고
주에게로 돌아감이라
그에게 영광이 세세에 있을지어다 아멘
(로마서 11:36)

한 알 반

"소상님! 잘 지내시쇼? 인사노 못 느렸습니다. 한 달 전에 대구로 이사 왔습니다."

"어머님 혈압약 때문에 병원에 왔는데요, 이름을 알아 오라시네요.", "지금 출장 중이라 밖에 있습니다. 남은 약이 없나요? (엄마! 약 하나도 없어? 몇 개 있다_전화기 밖으로 들려오는 소리) 어머니가 갖고 계신 약을 사진으로 찍어서 메시지로 보내주십시오. 확인 후 알려드리겠습니다." 나는 윗새재 김가네 소 막을 막 지나는 중이다.

저장되지 않은 낯선 전화번호여서 받을까 말까 고민했다. "서울에서 여행 온 사람입니다. 약을 두고 왔습니다. 펜션에서 쉬는 중인데 이틀 동안 혈압약을 못 먹었습니다. 그래서 그런가, 머리가 아프고 목덜미가 묵지근한 것이. 영 안 좋습니다. 진료소 앞에 왔는데 안 계시네요? 약 좀 줄 수 있습니까?", "그러시군요. 죄송합니다. 출장이라서 밖에 있습니다. 약 이름이 뭡니까?", "그건 잘 모르겠고요, 반쪽 짜리랑 한 알입니다. 아침에 재보니 118에 86 나왔습니다." 약 이름을 알려주면 도움을 드리겠다고 했다. 잠시 후 다시 전화가 왔다.

"케란? 테록? 파랄이었던가?" 수화기 너머 발음 따라 적은 후 KIMS 검색창에 단어를 입력했다. '검색어가 정확히 입력되었는지 확인하십시오. 띄어쓰기를 확인하십시오. 다른 단어로 검색하십시오. 검색결과가 없습니다.'라는 반응이다. 약 이름을 정확히 알고 있지 못하다는 반증이다. 처방받은 병원에 확인하라고 권한 후 전화를 끊었다. 아마도 그것은 '아'자로 시작되는 성분을 담은 약이 아닐까. 내 생각을 말하지 않은 속내를 그가 알 리가 없다.

"소장! 혈압약 좀 타러 갈건디, 진료소에 지싱가?" 아랫새재

이 씨 할머니다. "지금 출장 중이라서요. 내일 오십시오.", "약이 없는디?" 한 달 처방 후 다음 약을 가지러 오는 것을 보면 일주일이나 열흘 정도 늦는 연착 단골이시건만 웬일로 이번에는 사나흘 앞서 오시겠다는 것일까. "테리비서 봉께 혈압약 그거 잘 먹어야겄드만요!"

다음 날 아침, 늦잠을 깼다. 현관문을 열었다. "소장! 이런 약 있는가?" 김 씨 어르신이 처방전을 내미신다. [급여] 보령바이오아스트릭스캡슐100밀리그램(아스피린장용과립) 1캡, [급여] 엠디핀에스정(에스암로디핀베실산염) 1정, [급여] 다이크로진정 1정, 하루 1회. 아침 식후 30분, 투약일수 30일. 민원인보관용. 선명한 레이저 프린터 흑서체가 반딱거린다. 혈압 측정 후 약물치료가 필요하나고 판단되는 환자를 발견한 경우, 나는 직접 처방하기보다 먼저 의사 앞으로 고혈압 진단의뢰서를 작성한다. 이미 다른 병원에서 투약 중인 환자라도 교통이나 경제적 이유로 보건진료소에서 관리받기 원하는 경우에도 마찬가지이다. 환자진료지침 중 보건진료소에서의 고혈압 관리 가이드에 의거한 이것은 진료의뢰가 아닌, 문자 그대로 '고혈압 진단의뢰'로 고혈압 확진을 위한 의사의 확인 과정을 거치라는 것이다. 혈압약 처방을 위한 조건부 제한 허용인 셈이다.

"귀원의 발전을 기원합니다. 위 어르신은 고혈압 관리 중입니다. 최근에 높은 경향 보입니다. 측정 결과는 붙임과 같습니다. 가족력, 투약 과거력 없습니다. (별표) 우리 보건진료소에서 처방 가능한 항고혈압제는 아래와 같습니다(별표 1, 2, 3, 4, 괄호 닫고). 보다 더 적절한 검사와 진단이 필요한 것으로 판단되어 귀원에 의뢰합니다. 어르신 편에 검사 결과와 관리 지침을 회신하여 주십시오. 혈압 관리에 최선을 다하겠습니다." 구구절절 편지에 담아 선처를 부탁한다. 병의원 반응은 다양하다. "네가 뭔데 우리 병원 환자를 빼앗아가려느냐?" 노골적으로 화를 내는 의사가 있는가 하면, 찢어진 메모지에 약 이름만 끄적여 보내는 의사가 있는가 하면, 무반응 무회신 의사도 있다. 화를 내든, 복용법 없이 약 이름만 달랑 보내든, 정성스레 검사 결과지와 투약 관리 사항을 적어 보낸 의사든, 심지어 무응답이든, 어느 분야나 그럴 것이다. 나는 나의 대상자에게 '그 병원에 가지 마라. 저 의사에게 가지 마라. 이 의사에게 가라.'고 말한 적도 없거니와 그럴 권한도 없다. 그것은 환자에 대한 태도가 아니라 간호사인 나를 대하는 그들의 입장이며, 이면의 어떤 불편함이라는 것을 안다. 행위 자체를 탓할 수 없는 노릇이다. 다만, 의사가 제시한 항고혈압제 처방과 권고 사항을 참고로 교육하고 투약 관리를 이행할 뿐이다.

치료 효율이 떨어지거나 혈압 조절이 잘 안 될 때, 서맥, 빈맥, 부정맥이나 기침 등 이상 증세를 발견한 경우 즉시 재의뢰하라는 지침을 떠올린다. "알약 하나인데, 그거 처방받기가 이리 까다롭습니까?" 서울에서 오신 분도, 대구에서 오신 분도, 여수에서 오셨다 한들. 보건진료소장이래도 직접 처방할 수 없는 까닭스러운 지침이 원망스럽지만. 그러나 원하는 한 가지 있다면 "한 알이나 반 알이나 무시하지 마세요. 이름이라도 알고 계셨으면 좋겠…" 미처 다 말씀드리지도 않았는데 쾅! 문을 닫고 나가버리는 당신의 귀밑머리 아래가 참 서늘하다. 질병 부담이 크고 주요 사망원인 1/4을 차지한다고 알려진 질환. 고령화 진행으로 고혈압 환자 수는 늘어나고, 동반 질환이 이것뿐인가. 그것들로 사회경제적 부담까지 증가하리라는 것은 뻔한 사실일 테고. 몇 년 새 몇 % 증가했다는 지표, 때로 그것은 헛스럽게 화려하기도.

소장님께

상병명 Unspecified Hypertension. 보건진료소에서 고혈압 진단 의뢰하신 분입니다. Ambulatory Blood Pressure(24hrs) 측정 결과, 비교적 잘 조절되는 것으로 확인되었습니다. 다만 주야 중 변동 진폭이 큰 편이고, 간혹 기립성 어지러움증 있다고 호소하시는 바, 칼슘길항제보다는 ARB제제(Losartan 50mg PO #1 Daily)로 처방 변경하는 것이 좋을 것으로 사료됩니다. EKG와 Chest X-ray에서 특이 소견 관찰되지 않습니다. 혈액 검사 결과 별지로 첨부합니다. 투약 관리 잘 이행될 수 있도록 교육하여 주시고, 변동사항 있을 시 연락주시기 바랍니다. 그리고 After 3Ms, HbA1c & Lipid profile for re-check F/U 예정입니다. 감사합니다.

지혜가 부족하거든 모든 사람에게 후히 주시고
꾸짖지 아니하시는 하나님께 구하라
그리하면 주시리라

(야고보서 1:5)

번역이 필요해

"친구, 바쁘신가?"
"별로! 무슨 일?"
"어이없다! 해석 좀 해봐라"(카톡)

상추에 고추장 넣어 비빈 국수를 막 감아 먹는 중이었다. 사진이 메신저로 날아왔다. 친구는 군(軍)에 간 아들이 보낸 편지를 나에게 사진으로 전달했다. 파일을 열었다. 입대 전 몸이 아파 의원과 병원을 오갔지만 완쾌되지 않은 아들이라 아픈 곳은 나았는지, 훈련은 잘 받고 있는지, 걱정으로 가시방석이던 친구.

과수원에서 돌아와 마루에 놓인 편지 봉투를 열었다고 한다.

'아빠, 엄마에게. 무더위에 얼마나 고생이 많으십니까. 훈련 무사히 마쳤습니다. 염려 덕분으로 아픈 곳도 말끔히 나았습니다. 상관들도 잘 해주시고 동기생과 잘 지내고 있습니다. 곧 부대 배치될 것 같습니다. 대한의 남아로서 멋진 모습으로 이 나라를 지키겠습니다. 폭염에 엄마가 만들어주던 복숭아 통조림 생각이 납니다. 뽀냐도 잘 있지요? 다시 소식 드리겠습니다. 사랑합니다. 자랑스러운 아들이'

내가 그 상황이라도 그랬을 것이다. 친구가 기대한 편지는 이 정도, 어쩌면 더 이상이었을지도 모르겠다. 부모님 안부 묻고, 내 상황은 이러저러하며, 안녕하니 염려 마시라. '사랑합니다'. 끼지는 기대하지 않있다손 치자. 아무리 네가 안녕하다 한들 집 떠나, 부모 떠나, 친구 떠난 것이 무엇이 좋으랴. 어미는 이미 알아 편지를 읽는 중 문구마다 독백(獨白)을 아끼지 않았을 것이다.

하얀 종이에 "필승"이라는 딱 두 글자. 멀찌감치 떨어진 느낌표 하나. 글꼴은 볼펜흘림체(?). 글자 크기 대략 254포인트, 게다가 기울임은 '미끄럼틀각'. "친구, 바쁘신가? 어이없다! 해석 좀 해봐라(웃음)." 왜 그런 문자를 보냈는지. 나도 그만 웃음보가 터지고 말았다. 훈련병은 웃으라고 보낸 것이 아닐 텐데 미안할 정도로 웃고 말았다. 걱정했는데 잘 지내고 있구나. 그런 내용이었더라면 "너 먹고 싶어 하는 복숭아조림은 면회하는 날 가져가마." 답장을 쓰고, 친구는 며칠간 밤잠을 설쳤을 것인즉.

우리 큰딸이 초등학교에 다닐 때 일화가 떠올랐다. 입학생이 한 명이던 학교. 2학년 언니 오빠 다섯 명과 복식수업이 진행되었다. 많은 친구를 만날 수 있도록 전학하는 것이 좋겠다는 생각에 6학년이 되던 해 시내로 전학했다. 딸에게 편지를 썼다. 학교는 마음에 드니? 선생님은 어때? 새 친구는? 아침에 일찍 일어나라. 할머니 말씀 잘 들어라 등등. 엄마표 안부와 잔소리로 가득했다(엄마들은 너희의 모든 것이 궁금한 것이다).

하루 이틀, 일주일이 지나갔다. 집배원이 우편물을 놓고 가면 혹시 딸의 편지가 있을까 뒤적였다. '사랑하는 엄마 보세요! 저는 잘 지내고 있어요. 엄마 편지 받고 기뻤어요. 할머니도 건강해요. 학교랑 집이랑 가까워서 좋아요. 새로 사귄 친구도 많아요. 선생님도 매우 친절해요. 걱정하지 마세요.' 맞다. 내 친구도 이 상황이라면 그랬을 것이다. 내가 기대한 답장은 최소 이 이상. 부모님 안부 묻고, 나의 상황은 이러저러하며, 잘 지내고 있다, 뭐 그런. 흔한 '사랑합니다.'까지 기대하진 않았다 손 치더라도.

이쯤 되자 군관으로 멀리 나간 남편이 아내에게 보냈다는 오백 년 전 편지가 떠올랐다. 요즘으로 말하면 파운데이션쯤 되는 화장품 하나와 바늘 여섯 개를 아내에게 보낸다는 내용을 담은 어느 남편의 편지. '집에 가서 어머니와 아이들을 반가이 보고 싶은데 상관(上官) 장수가 혼자 가시며 그 길을 비켜 못 가게 되었으니, 이런 민망하고 서러운 일이 어디에 있을꼬.' 만날 수 없는 안타까움을 담은 글이었다. 오백 년이 지난 지금, 그 편지를 접하는 나는 시간 벽을 타고 넘는 붉은 담쟁이 순처럼 뜨거운 애틋함이 느껴졌다.

니시벌 시대에 사란 아늘 날이 써 보낸 손편지 수고받기란 이제 막 내린 것 같다. "친구야! 백지로 답장을 보내렴. 얼마나 할 이야기가 많으냐. 너무 많아 적지 못하는 심정을 아들이 헤아려 읽었으면 좋으련만."

아! 그 후 내 딸한테 답장이 왔냐고? 아니다. 한참 후 딸에게 망설이다 물었다. "어찌 답장이 없으신가?" 딸은 대답했다. "엄마! 편지가 너-무 길어서 안 읽었어요. 다음부터는 석 줄 요약! 아셨죠?" 그 후 딸도, 엄마도 손편지는 쓰지 않는다는 웃픈

(!) 전설. 'ㄴ'이나 'ㅇ' 닿소리 하나로 뜻 전하고 최소한 약자(略字)로 긴 문자는 파괴된 요즘. 나는 사진 속 '필승!'에 담긴 뜻을 의역(意譯)해본다.

'엄마! 잘 지내고 있으니 걱정 마세요. 아픈 곳도 다 나았습니다. 고된 훈련도 잘 이겨냈습니다. 엄마, 아빠 사랑합니다.' 오류를 범할까 싶어 훈련병 편지 사진을 확대하여 본다. "필승!" 볼펜흘림체, 미끄럼틀 각. "좋아! 이 훈병! 너 정말 멋지다! 힘 내라."

내가 너와 함께 있어
네가 어디로 가든지 너를 지키며 너를 이끌어
이 땅으로 돌아오게 할지라
내가 네게 허락한 것을 다 이루기까지
너를 떠나지 아니하리라 하신지라
(창세기 28:15)

꿈 풀이

어르신이 창으로 다가오신다. 이마에 손을 댄다.
진료실 안을 들여다보신다.

나는 마당에 계신 당신을 본다. 진료 중이라 안 본 척 했다.
손을 내리더니 돌아서신다. 막걸리 몇 잔 걸친 것이 분명하다.
비틀걸음이다. 다음날 오후 보건진료소에 또 오셨다. "어디가
편찮으세요?"라고 여쭈니 아파서 온 것이 아니라신다. 커피 몇
모금 드시더니, "소장, 까재 아시는가? 마당골에 갔는디 말여

~ 또랑이 볏짚 불붙은 맨치로 벌건 거여. 시상에 그렇게 많은 거는 첨 봤당게. 멍허니 바라보다 왔는디, 할망구가 왜 안 잡아 왔냐고 어찌 성화던지. 할 수 없이 다시 가봤네. 아주 하얗더랑게. 싹 없어졌어. 한 마리도 안 보이는 거여. 참 희한하다면서 돌아왔네. 소장! 이게 뭔 꿈인가? 해몽 좀 해보시게." 막걸리 두어 병쯤 일상이 된 박 씨. 불콰한 얼굴 위 반쯤 삐뚤어진 모자도 궁금하다는 듯 갸웃 기울었다. 어르신은 며칠 전에 꾸었다는 '까재' 이야기를 펼치더니 해몽을 하라신다. "글쎄요, 무슨 뜻일까요?" 나는 의자를 돌려 키보드에 손을 얹었다. '가재 꿈'을 입력했다.

사소한 일에 휘말려 구설에 오를 우려가 있다는 해석부터 외상값을 받거나 빌려준 돈을 돌려받을 행운이니 복권을 사라, 귀인이 나타나 사업을 도와주고 재물도 따라온다는 등 길조(吉兆) 풀이가 많았다. 일이 해결되어 좋은 결과를 낳을 것이라는 길몽(吉夢)으로 풀어드렸다. "누군가 선물 들고 온다네요, 좋은 꿈이고만요." "허허허. 누가 선물을 준다면 소장에게 해몽값으로 반절 띠어 줌세. 길몽은 무슨. 얼어 죽을!" 빙긋이 웃으신다. 잠시 머뭇거리더니 말씀을 이어가셨다. "며칠 전에 손자가 다녀갔네. 우리 큰매누리 아프다고 했잖은가? 그저께 첫 제사 지냈네. 손자놈이 왜 왔는지 아시는가? 즈 엄마한테 보낸 약초를 죄 싣고 왔더랑게. 야! 이놈아! 시상 천지, 여기로 싣고 오면 어짜자는 말이냐? 응? 화를 냈더니, 할아버지! 서울은 버릴 곳도 없고요, 태울 곳도 없어요 함시나, (한숨) 밭 가운데 앉아서 다 쳐댔네. 손자는 서울로 가버리고, 나는 울작해서 한잔 했네. 소장이 이해하시게."

큰며느리는 당뇨 합병증으로 신부전증을 앓았다. 나는 만난 적이 없지만, 그분의 병상을 아는 것은 박 씨 내외의 극진한 자부 사랑 때문이다. 보건진료소 앞 정자에 어르신이 계시면 창을 열고 "안녕하세요? 오늘은 또 무엇을 보냅니까?"하고 여쭙는다. "별거 아녀. 볶은 돼지감자랑 망개 열매 따서 말린 것이네." 박 씨, 때로 그 아내가 기나리년 택배 기사. "망개 얼매요?", "옛말에 죽게 된 사람도 산에서 이걸 따 먹고 살아 왔다자녀." 한겨울에도 산약초 순례를 멈추지 않으셨으니, 그것은 부모라는 이름으로만 가능한 아릿한 사랑, 그보다 강력한 그 무엇이어서 나는 늘 압도당하고 만다. 내외분을 볼 때마다 '저 정성이면 마른 바위도 생기를 얻어 돌아앉을 것이야. 하늘이여! 도우소서.'라는 기도를 드리곤 했다.

"해당화 뿌링구가 당뇨병에 좋다해싸서 명사십리 땅 끝까지 가서 캐온 사람이네. 매누리 살려 보것다고 안 댕긴 산이 안 댕긴 바다 없었는디, 인자 소용없는 일이 됐네. 오갈피, 잔대 뿌링이, 감잎, 민들레 말린 거, 봉지도 안 뜯은 그것들을 밭에 놓고 다 쳐댔네. 하얀 회(灰)만 남았는디 귀인이 어짜고 재물이 어짠다고? 아나 쑥떡! (웃음) 하긴 잿가루가 남았응게 영 손해는 아니구먼. 사람 환장허것네. 조용히 눈 감는 약이 혹시 있는가, 그거나 줘보시게." 울분을 삼키듯 모호한 표정으로 진료실을 나가는 박 씨. 뒷짐 쥐고 힘없이 걷는 당신을 바라본다. 시름 찬 술잔에 둥둥 뜬 마당골 보름달, 휘저은 막걸리는 박 씨 내외 눈물이 아니런가. 또랑 까재가 짚불보다 붉기로 그것이 흉몽이면 어떠하며 길몽이면 어쩔 것인가. 자부 향한 시아버지 아픈 사랑 대신할 것은 아무것도 없을 것이다.

"있잖아. 어르신이 보건진료소에 오셨어. 취하셨더군. 하시는 말씀이 해당화랑 잔대 뿌링이, 오갈피 감잎이 당뇨병을 이겼다는 거야. 그뿐 아니었어. 감잎이랑 민들레가 신부전증까지 고쳤다더군. 설마 그럴 리가! 어르신, 의사가 권하는 치료를 잘 따르고 관리하는 것이 우선이죠. 며느님이 잘 하고 계실 텐데. 인자 그만 보내세요. 큰소리로 말씀드리고 싶은데 가위눌린 목은 답답하기만 했어. 소리는 안 나오는 거 있지. 깼더니 꿈이더라. 무슨 뜻일까? 누가 해몽 좀."

우리가 알거니와 하나님을 사랑하는 자
곧 그의 뜻대로 부르심을 입은 자들에게는
모든 것이 합력하여 선을 이루느니라
(로마서 8:28)

새 소망

해돋이를 보기 위해
강원도로 여행을 다녀올 계획이었다.

그런데 슬픔 가득한 장례식장이다. 죽음이 나와 멀다고, 죽음에 대하여 생각조차 하지 않고 바쁘게만 살아가는 우리에게 장사(葬事)를 치르는 이 예식장은 얼마나 낯선 곳이던가. 새해를 이틀 앞둔 날 시아버님이 갑자기 돌아가셨다. 슬프게도 새해 첫 여행지는 바닷가가 아닌, 산 사람과 죽은 사람의 이야기가 교차하는 장례식장이 되고 말았다.

"저는 일본에서 왔는데요, 조선에서 글을 가르치는 사람들이 욕을 가르쳐줘서 힘들었구먼요. 어머니는 어디서 그런 말을 배워왔느냐며 회초리로 마구 때리셨어요. 아버지는 어머니를 말리기는커녕 저 녀석 정신 바짝 차리게 하라며 호령을 하셨구먼요. 저는 아무 잘못이 없어요. 조선에서 글을 가르치는 사람들이 욕을 가르쳐줘서 그랬구먼요."

임종이 다가온 것 같다는 주치의의 연락을 받고 부랴부랴 병원으로 달려간 우리에게 아버님이 남긴 마지막 말씀이다. 우리가 가족임을 알아보지 못하는 당신이 이렇게나 낯설다니. 아무리 흔들어 깨우며 아들인 것을, 며느리인 것을, 손자인 것을 보여드리고 알려드려도 당신은 두려움에 떠는 '한 소년'일 뿐. 눈물 젖은 불안한 눈동자가 우리 마음을 미어지게 만들었다.

의식 저 너머 세계에는 도대체 무엇이 자리 잡고 있는 것일까. 깊고 깊은 무의식에 봉인되어 있던 칠십여 년 전의 기억은 어쩌자고 죽음을 앞둔 순간에 되살아나는가 말이다. 강산이 변해도 일곱 번은 더 변했을 세월 풍상에 아무리 깊은 상처라 할지라도 기억 조각은 회색 유해(遺骸)로 멀리멀리 사라지고도 남았어야 옳지 않은가. 송구영신(送舊迎新) 길목에서 마지막과 첫날 시간의 만남이 서로 다른 조각보를 맞댄 시접처럼 느껴진다.

조선의 피가 흐르고 있었으나 일본어를 국어(國語)로 배우셨고, 일본 역사를 국사(國史)로 배우신 당신. 모국(母國)으로 돌아왔다는 기쁨도 잠시, 국어와 국사가 다른 벽에 부딪힌 열다섯 당신. 나라 잃은 약자의 회한과 쫓기듯 고향으로 돌아온 당신은 언어 장벽에서 부터 시작된 고통으로 말할 수 없는 아픔이 골수 깊숙한 곳까지 뿌리내린 것이 분명하다. 평소 말씀이 없던 당신이 며느리인 나와 말문이 열리고, 늦은 밤까지 이야기를 나눌 때면 잊지 않고 흐리시던 말씀.

"아가야! 나는 지금도 조선말이 어렵구나."

아! 열다섯 소년은 얼마나 힘들고 외로웠을까. '많은 아름다운 불꽃들이 우리를 둘러싸고 있지만 불과 몇 분 만에 사라진다. 태어나는 시간이 있으면 죽는 시간이 있다. 새해에는 죽어야 할 숙명(宿命)과 생의 유한함과 인생행로의 끝을 숙고(熟考)하는 시간을 가져야 한다'던 누군가의 메시지를 되뇐다.

미래를 열어가는 힘은 뜨거운 눈물보다 작은 사랑의 실천에 있음을 생각한다. 남기신 교훈을 생각하며 다짐한다. 나의 새해 첫날 다짐은 운동도 다이어트도 아니다. 아이들에게 상처주지 않는 어른이 되자는 결심이다. 입관(入棺) 전 아버님의 얼굴을 어루만지며 회개한다.

"사랑하여 주셔서 감사합니다.
눈물 없는 영원한 그곳에서 평안을 누리소서!"

한 세대는 가고 한 세대는 오되
땅은 영원히 있도다
(전도서 1:4)

늙어간다는 것

"소장, 딸네 집에 갔다 왔는디,
별로 기분이 안 좋네."

"아니, 왜요? 무슨 일이 있었나요?" 의자를 끌어당겼다. 월요일 아침이었다. 혈압약이랑 허리 아픈 약을 달라고 보건진료소에 오신 한 씨. 어르신은 평소 잘 웃는다. 매사 긍정적이다. 그래서 별명도 정월대보름이다. 때로 나의 고민을 듣고 지혜를 나눠주시는, 올해 나이 여든여덟 살 한 씨. 지난 주말 읍내 모

식당에서 '모녀(母女) 생일 잔치'를 하셨다고 했다. 막내딸과 당신 생일이 동월(同月)이라 가족이 모두 모였다고 하셨다.

"그러셨군요! 축하합니다. 가족이 함께 했으니 정말 좋으셨겠네요!" 나는 아들딸 손자까지 모인 자손 축복의 자리가 얼마나 아름다운가, 부럽고 부럽다고 말씀드렸다. 그런데 '별로 기분이 안 좋다'며 털어놓는 속내를 듣고 나서 그럴 수도 있겠다고 수긍하였다. 한 씨는 막내딸을 이십 대 후반에 낳았고, 그 딸이 올해 회갑(回甲)이 되었다. 축하 케이크를 자르고, 한 씨에게 '즈 낳은 어미'라고 엎드려 큰절을 했다고 하셨다.

"새끼들 한티는 겉으로는 좋다고 했는디, 솔직허니 말하믄 속으로는 항개도 안 좋았어. 마음이 슬펐네. 언능 안 죽어서 야들한테까지 짐이 되고 있구나 싶어서 말이여. 소장도 늙어봐. 곱던 손도 꺼칠꺼칠해지고, 팽팽하던 얼굴도 쭈글쭈글해지고. 내 모습 내가 거울로 봐도 참 한심하게 드러워. 어쩌다 넘 공짜 나이(우리 마을에서는 여든이 넘으면 이후 나이는 젊어 요절한 사람이 흘리고 간 나이를 주워 먹는, 공짜 나이라고 하신다)를 주서 먹드락 살아서 환갑이 된 딸래미 절을 받아 먹는가 말이지."

"딸래미 머리에 흐연 눈 내린 것을 보니 마음이 몹시 슬펐네. 내년에 내가 다시 생일 떡을 먹을랑가. 고만 먹고 얼렁 죽어야는디. 다 늙어빠진 어미가 늙어가는 자식 모습을 본다는 것은 그리 기분 좋은 일이 아니고말고." 한 씨 한숨 속으로 허공 가득 새들이 날아 올랐다. 나는 다른 어떤 말을 할 수도, 거들 수도 없어 조용히 앉아 있기만 했다. '늙으면 죽어야지', 어르신들이 흔히 하는, 진심 아닌 거짓말이라고 흔히 이야기한다. 사는 것이나 죽는 것이 어찌 우리 권한일까마는 사람이 무슨 말인들 못 할까.

내가 어린 시절에 생각했던 늙어간다는 것은 무엇이었던가. 어른, 어른, 어른. 어른이 되면 뒷짐만 쥐고 걸어가도 젊은이들은 담벼락으로 몸을 붙여 낮추어 길을 비켜드리고, 우물가 젊은 아낙들은 떠들던 수다를 멈추고 고개를 숙이는, 그 어른이 지나가기를 기다리는, 굳이 어른이라고 말하지 않아도 권위와 위엄이 흘러넘치고도. '자네 밥은 먹었는가, 농사는 어찌 되었는가', 소소한 안부로 아랫사람의 일상을 챙겨주는, 그런.

어느 간호사 이야기가 떠올랐다. 그녀는 영국 호스피스 전문 간호사였다. 일흔다섯 살 할머니가 되었다. 임종 직전 선데이타임스와 가진 인터뷰에서 "늙는 것이 끔찍하다"고 말했다. 자연사가 아닌 안락사를 택하여 스위스로(영국에서는 안락사가 금지되어 있다) 건너가 생을 마감했다는 보도였다. 노인 돌봄에 관한 책을 두 권이나 집필했고, 노인 병원에서 수많은 어르신을 환자로 돌보았을 것인데 정작 본인은 안락사 지원병원에서 생을 마감하다니. 도대체 그녀는 왜 그런 결심을 선택하게 되었을까.

"노인들을 돌보며 항상 '난 늙지 않겠다. 늙는 것은 재미없다'고 생각해왔다"고 했다. 늙어간다는 것은 암울하고, 슬프고, 끔찍하기까지 하다고 했고, 보행기로 길을 막는 늙은이로 기억되기 싫다고 했단다. 자녀들에게 결심을 알렸고, 남편과 동행하여 라인강변에서 마지막 만찬을 즐긴 후 조용히 세상과 이별을 나누었다는 기사(그녀를 고통스럽게 한 배경에는 '대상포진' 통증이 있었다는 것은 훗날 알게 된 사실이다).

겉으로는 좋다고 했지만, 속으로는 하나도 안 좋았다는 한씨 어르신의 고백, '늙는 것은 재미없고 암울하고 슬프고 끔찍하다'며 안락사를 택한 호스피스 간호사 '질 패러우'의 덧붙임까지. 어른이 되면 저러한 어른의 위엄이 수염을 타고, 옷깃을 타고 흘러 어른의 몸과 정신에 스밀 것이니, 나도 빨리 멋진 어른이 되고 싶어라 했던 어린 시절 추억. 그 시절 그 추억은 그때 그것으로 충분한 것이었나 보다. 어쩌면 진정한 '어른'은 상상 속에서나 완성된 것이 아닐까.

제목 : 생일

1학년 손가람

누나 누나 생일 언제돼?

난 개속 누나의 태생일이 언재 돼냐고 개속 물우다

그대 엄마가 아직 마니 기달려야 돼다고 그러신다

내일밤 오늘밤도 참을 수 업다

재발재발 새월아 빨리 가라고

기도를 해도 안돼다

끝

• 닫는 글

사람이 온다

"어디에서 오셨습니까?"

라는 나의 물음에 어르신들은 "말바우에서 왔습니다", "수꾸지에서 왔습니다" 혹은 "대바치에서 왔습니다"라고 답하신 후, 정해진 순서라도 되듯 "소장님은 어디에서 오셨습니까?"라고 물으신다. 새 근무지 보건진료소가 담당하는 마을은 말바우, 수꾸지, 대바치, 공진동, 갈나, 죽장, 5개 마을이다. 처음 농네 이름을 들었을 때 도무지 이해할 수 없는 이방 언어를 듣는 기분이었다. '이름이 왜 말바우일까?' '말바우 마을은 어떻게 생겼을까?' '수꾸지는 어디 쯤 있는 마을일까?' '그 마을은 또 어떻게 생겼을까?'

이름만으로 상상을 확장하기란 쉽지 않은 일이다. 아침마다 다녀보기로 마음먹었다. 안성과 장계를 잇는 19번 국도(國道) 갓길로 걸어 나갔다. 마을 안길을 돌아 골목길을 지나 서로 다른 대문을 살피는 일은 낯선 여행길에서 느낀 설렘마저 일렁이게 했다.

그렇게 보건진료소와 마을의 거리, 동네 위치를 알게 되니 담당 지역 알아가기 첫 관문을 통과한 느낌이랄까. 멀리서 발소리만 들려와도, 문밖에서 기침 소리만 들어도 누가 오셨는지 알 수 있던 곳을 떠난 경력 많은 초보(!) 간호사의 땅 밟기 분투라고 해야 할까.

  보건진료소에 찾아오는 분의 이름, 사는 곳, 과거 병력도 모르는 상황이다. 그런데 이상한 일이다. 첫인사 후 어디 아파서 왔는지 여쭤야 맞거늘, "어디에서 오셨습니까?"라고 묻는 내 모습을 발견했다. 어르신들도 나에게 "소장님은 어디에서 오셨습니까?"라고 되묻는 것이었다. 어디에서 온 것이 왜 궁금한 것일까. 살던 곳 이름만으로는 내가 어디에서 왔다는 것을 설명하기엔 턱없이 부족한 느낌이지만, 어쩌면 그 물음은 내가 당신을 더 알기 원한다는 작은 몸짓의 시작이 아니었을까 생각된다. '어디'라는 단어 뒤에 숨은 더 알아야 할, 그 무엇들은 얼마나 많고 깊을까.

  마을 어귀에서 내 키보다 더 높은 석상(石像) 앞에 발을 멈추었다. 마을 유래 소개 글을 읽었다. '말바우' 마을은 무주 최남쪽에 있는데 산마루 중턱에 곡식 되는 말(斗)과 비슷한 바위가 있고, 그래서 두암(斗岩)으로 이름 지어졌으며 말바우(馬岩)에 이르렀다는 내용. '수꾸지' 마을은 무주와 장수군 경계를 이루는 탓에 관원들

출입이 잦아 귀한 손님에게 대접할 술 빚는 일이 많아, 술 창고(酒庫)에서 이름 지어졌다는 전설까지 이르니 미소가 지어졌다. 보건진료소에서 오래 근무했으니 새 지역에서 쉽게 적응하리라 판단했던 내 생각은 오만한 것이었다. 경력은 단절되고 경험은 초기화되어버린 기분이다.

유래를 펼쳐보기 전에는 이해할 수 없는 과거가 있다. 그렇다면 말바우와 수꾸지, 대바치와 갈마 마을 사람들에게는 얼마나 많은 과거와 전설이 있을까. 마을 이름 하나에 얽힌 전설도 저러하거늘, 한 사람의 이름과 생애(生涯)에 얽힌 이야기는 더 말해 무엇하리. 어떤 기쁨과 분노와 슬픔을 겪으셨고 견뎌내셨을까. 지금은 무엇이 그들을 아프게 하고 힘들게 할까. 그것을 알아가기에는 살아온 날보다 더 많은 시간이 필요할지도 모르겠다.

임상간호사에게 다양한 병원이 활동 영역이라면 농촌간호사에게 그것은 농촌이다. 임상과 농촌이라는 무대는 다르지만, 사람이 있음은 같지 아니한가. 간호대상자의 건강 문제를 살피고 스스로 돌볼 수 있도록 돌보는 일, 그리하여 문제가 해결되고 적정 수준에 이르도록 지지하는 일. 산골간호사로서 나는 삶의 터에서 하루하루 그들의 삶 속으로 여전히 한발 더 다가갈 것이다. 기쁨도 듣고, 아픔도, 때로 나의 아픔을 나누기도 할 것이다. 부지중(不知

中)에 관계가 깊어져 사심 없는 정(情)도 깊어질 것이다.

창밖으로 누군가 오는 모습이 보인다. 유모차를 밀며 천천히 걸어오는 어르신. 뒤이어 사람이 온다. 또 한 사람이 온다.

"사람이 온다는 건 / 실은 어마어마한 일이다 / 그는 / 그의 과거와 / 현재와 / 그리고 / 그의 미래와 함께 오기 때문이다 / 한 사람의 일생이 오기 때문이다 / 부서지기 쉬운 / 그래서 부서지기도 했을 / 마음이 오는 것이다"_ 정현종, 방문객

"어르신, 어디에서 오셨습니까?"

나는 다시 자세를 가다듬는다.

무엇을 가리켜 이르기를
보라 이것이 새 것이라 할 것이 있으랴
우리가 있기 오래 전 세대들에도 이미 있었느니라
(전도서 1:10)